本书系郑州大学2023年度校级立项教材资助。
河南省教育课程改革研究项目（2025-JSJYYB-001）；
河南省教育厅人文社会科学研究项目(2025-ZDJH-643)；
郑州大学校级教改课题项目（2023-157）成果。

羽毛球运动

黄延春 ◎ 主编

郑州大学出版社

图书在版编目(CIP)数据

羽毛球运动 / 黄延春主编. -- 郑州：郑州大学出版社, 2025. 1. -- ISBN 978-7-5773-0786-2

Ⅰ. G847

中国国家版本馆 CIP 数据核字第 2024SD3869 号

羽毛球运动

YUMAOQIU YUNDONG

策划编辑	胥丽光	封面设计	王　微
责任编辑	胥丽光	版式设计	苏永生
责任校对	张若冰	责任监制	朱亚君

出版发行	郑州大学出版社	地　　址	河南省郑州市高新技术开发区
出 版 人	卢纪富		长椿路 11 号(450001)
经　　销	全国新华书店	网　　址	http://www.zzup.cn
印　　刷	郑州宁昌印务有限公司	发行电话	0371-66966070
开　　本	787 mm×1 092 mm　1 / 16		
印　　张	14	字　　数	282 千字
版　　次	2025 年 1 月第 1 版	印　　次	2025 年 1 月第 1 次印刷

书　　号	ISBN 978-7-5773-0786-2	定　　价	49.00 元

 **编委名单** --

前 言 --------------------------------

　　为全面贯彻党的教育方针,坚持"为党育人、为国育才"和落实立德树人的根本任务,切实激发新时代大学生对于羽毛球学科知识的学习志趣及发展诉求,落实体育强国建设及全民健身体育知识需求,本书编委会在汲取不同版本教材的优秀经验和梳理国内外羽毛球运动最新科研成果的基础上,根据编写者多年从事"羽毛球运动"课程教学实践经验的深度反思,而组织编写了本部教材。本教材结合羽毛球技术细腻、动作隐蔽等特点,依据技术掌握的要点和难点,重点详细介绍了羽毛球技战术特点及练习方法,并对参与者的心理和体能训练做出了较为全面的论述与总结,使学习者能够快速、有效的掌握和提升羽毛球技战术能力及活动参与水平。

　　本教材是校级教材立项,校级教改课题,其特色主要体现在以下几个方面:

　　一是,以习近平新时代中国特色社会主义思想为指导,挖掘梳理"羽毛球运动"课程的德育元素,突出"课程思政"理念和体育学科特殊的育人功能,充分体现教材作为郑州大学"课程思政"教育教学改革"优秀教学团队"建设的成效,实现知识传授能力和思想政治教育的双重功能。

　　二是,注重知识体系的系统性和实用性,力争做到逻辑结构清晰化、章节内容易懂化、学习结果实用化等,充分体现教材作为郑州大学教材立项建设的成果,使教材更能彰显专业性、知识性、时代性和前沿性,实现教师"教得懂"学生"学得会用得上"的教学目的。

　　三是,强化教育者的教学和学习者的自学相结合,通过每一章设定"思政要点""学习任务""学习目标""学习地图""回顾练习""知识拓展"等模块,更好地使师生明晰教与学的目的,实现教学与自学的融合,彰显教材的适用性和选择性。

　　本书由黄延春担任主编,参与第1、2、3、7章、前言及参考文献的整理与编写,杨勇担任副主编,参与第4、5、6、8章内容的编写,高惟肖、郭佳龙、张春龙、李帅迪四位研究生同学参与了本书的图片拍摄、图像绘制等工作。本书在编写过程中,邀请郑州大学赵子建教授(国家社科体育学通讯评委),郑州大学羽毛球专业教师梁宝君教授,信阳师范大学专业羽毛球教师杨明勇副教授,河南工程学院羽毛球专业教师王庆庆副教授,河南省羽毛球队一线教练,进行了内容的审核及修改;同时,在本书的立项和出版中得到了体育学院和郑州大学出版社编辑老师们的大力支持,在此一并向他们表示感谢!

目录

羽毛球运动基本知识

【思政要点】

以马克思主义认识论为指导,贯彻党的二十大新发展理念,遵循历史唯物主义辩证法的认识路径。贯彻求同存异的科学发展观,依据新时代社会发展的需求,准确解析羽毛球运动的发展历程。

【学习任务】

本章学习任务包括羽毛球运动简介、羽毛球运动击球基本理论和羽毛球运动场地与器材。通过学习和掌握羽毛球运动的基本相关知识、发展起源,了解羽毛球运动的基本动作原理和伤病预防,从而可以更好地认识羽毛球运动的基本规律,为今后深入学习羽毛球打下良好基础。

【学习目标】

1. 了解羽毛球运动的起源与发展。
2. 掌握羽毛球运动的基础知识、基本动作原理。
3. 掌握羽毛球运动的损伤及预防。
4. 了解相关的场地器材要求。

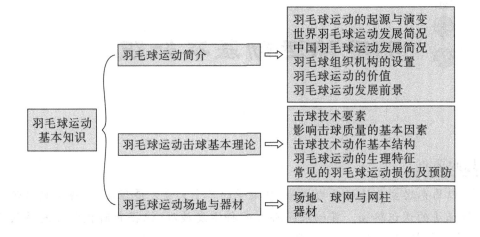

羽毛球运动
基本知识
- 羽毛球运动简介 ⇒
  - 羽毛球运动的起源与演变
  - 世界羽毛球运动发展简况
  - 中国羽毛球运动发展简况
  - 羽毛球组织机构的设置
  - 羽毛球运动的价值
  - 羽毛球运动发展前景
- 羽毛球运动击球基本理论 ⇒
  - 击球技术要素
  - 影响击球质量的基本因素
  - 击球技术动作基本结构
  - 羽毛球运动的生理特征
  - 常见的羽毛球运动损伤及预防
- 羽毛球运动场地与器材 ⇒
  - 场地、球网与网柱
  - 器材

羽毛球运动

第一节　羽毛球运动简介

羽毛球运动的起源众说纷纭,据《大不列颠百科全书》记载,"原始的羽毛球游戏活动至少于 2000 年前,在中国、日本、印度、泰国、英国、瑞典等国就流行了"。不过,由于民族、地区及语言的差异,各国对这项游戏活动的叫法不一,如我国叫"打鸡毛球"或"打手毽",法国称"羽毛球"(feather ball),印度称"普那"(poona),英国、瑞典、丹麦等国则叫"毽子板球"(battledore and shuttlecock),这就是现代羽毛球运动的前身。

一、羽毛球运动的起源与演变

羽毛球运动也与其他体育运动一样,有其诞生和发展的过程。相传 14—15 世纪时,在日本出现了用木制的球拍、用樱桃核插上羽毛制成的球来回对打的运动,这便是当今羽毛球运动的雏形。但由于这种球不够坚固耐用,飞行速度又太快,故风行一时后又逐渐消失了。

大约在 18 世纪,印度的普那出现了一种与早年日本的羽毛球运动极相似的游戏,当时的球是用直径约 6 厘米的圆形硬纸板,中间挖个孔,插上羽毛做成,与我国的毽子类似,当时,印度称此项运动为"普那"。

现代羽毛球运动出现于 19 世纪,大约 1870 年,在英国出现了用羽毛、软木做的球和穿弦的球拍。1873 年,英国公爵鲍弗特在格拉斯哥郡伯明顿镇的庄园里进行了一次羽毛球游戏,当时的场地呈葫芦形,中间狭窄处挂网。从此,羽毛球运动便逐渐开展起来,"伯明顿"即成了羽毛球的名字,英文的写法是"BADMINTON",直至1901年,才改为长方形的场地。

1875年,世界上第一部羽毛球运动规则草拟于印度普那。同时,其他各地也相继出台了羽毛球比赛规则,但因认识不一,所制定的比赛规则也不尽一致。1878年后英国又制定了更为完善和统一的羽毛球比赛规则,当时规则的不少内容至今仍无太大改变。

1893年,英国的14家羽毛球俱乐部倡议组成了世界上第一个正规的羽毛球协会,进一步修订了规则,重新规定了统一的场地标准。羽毛球确定用14~16根羽毛粘在软木托上,重4.74~5.50克,羽毛球场地正式定为长方形。1899年,该协会举办了首届全英羽毛球锦标赛。

1934年,由英国、加拿大、丹麦、爱尔兰、法国、荷兰、新西兰、苏格兰和威尔士等发起成立了国际羽毛球联合会(简称国际羽联),总部设在伦敦。从此,羽毛球真正成为一项世界性的体育运动。1934—1947年期间,丹麦、美国、英国、加拿大等国欧美选手称雄于国际羽坛。

二、世界羽毛球运动发展简况

1948—1949年,国际羽联在英国普雷斯顿举办了首届世界男子羽毛球团体锦标赛——汤姆斯杯赛。在首届比赛中,马来亚(后改名为马来西亚)队荣获了团体冠军,开创了亚洲人称雄国际羽坛的新时代。在1948—1979年的11届汤姆斯杯赛中,印度尼西亚队获得7次冠军,马来西亚队获得了4次冠军。

20世纪60年代初期,中国队开始崛起。1963—1964年,中国队两次战胜来访的世界冠军——印度尼西亚队;1965年征战欧洲,以34:0的绝对优势战胜丹麦、瑞典。当时,汤仙虎在与当年获得全英羽毛球锦标赛男单冠军、并蝉联7次全英冠军的柯普斯比赛时,以15:5和15:0大获全胜,威震国际羽坛。由于当时的政治原因,中国未能加入国际羽联,也未能正式参加世界性的锦标赛,故中国羽毛球队被誉为"无冕之王"。

1956年,首届世界女子羽毛球团体锦标赛——尤伯杯赛在英国举行。前3届冠军均被美国队获得。20世纪60年代中后期,日本女队首先崛起,击败美国队而荣登冠军宝座。从此,女子羽毛球运动的优势开始转移到了亚洲。此后,日本队和印度尼西亚队包揽了历届比赛的冠军和亚军。

20世纪70年代以后,印度尼西亚队和中国队在男子羽毛球技术方面处于世界的领先地位。1982年中国男队首次参加汤姆斯杯赛就荣获冠军。亚洲的日本、韩国、巴基斯坦、印度、泰国、马来西亚等队的运动技术水平也有长足的进步,在国际性比赛中也都取得了较好成绩。同时,欧洲的丹麦、英国和瑞典在发挥自身原有特点的基础上,广泛吸收亚洲人的快速步法等技术和经验,水平稳步上升,仍为羽坛劲旅。

女子方面,亚洲的中国、印度尼西亚、日本队处于三强鼎足之势,欧洲的丹麦、瑞典、英国不甘落后紧随其后,而美国队则每况愈下了。

1978 年 2 月,世界羽毛球联合会于中国香港成立,当年在泰国举办第 1 届世界羽毛球锦标赛,并于第二年在中国杭州举办了世界羽毛球联合会第 1 届世界杯赛和第 2 届世界羽毛球锦标赛。

1981 年 5 月 25 日,在各方共同努力下,国际羽毛球联合会和世界羽毛球联合会正式合并,结束了世界羽毛球界的分裂局面,促进了世界羽毛球运动的发展。

1982 年,中国队首次参加第 12 届汤姆斯杯赛,并以 5∶4 战胜了"世界羽毛球王国"——印度尼西亚队,获得冠军。中国女队首次参加全英锦标赛就获得女单冠军和亚军、女双冠军。1984 年第一次参加尤伯杯的中国女队力挫群雄,勇夺桂冠。之后,汤姆斯杯赛、尤伯杯改为 2 年一届,截至 2023 年,在已举行的 32 届汤姆斯杯中,印度尼西亚 14 次捧杯、中国 10 次得冠、马来西亚 5 次获金、日本 1 次得冠、丹麦 1 次得冠、印度 1 次得冠。截至 2023 年,在已举行的 26 届尤伯杯中,中国获得 13 次冠军,日本 5 次,美国 3 次,印度尼西亚 3 次,韩国 2 次。中国队在 1998—2008 年间,创造了夺得六连冠的纪录。

目前,国际羽联管辖下的世界性羽毛球大赛有(以下届数更新至 2023 年):

1. 汤姆斯杯赛(即男子团体赛)

1948 年开始每 3 年举办一届,从 1982 年后改为每 2 年一届,现已举办过 32 届。

2. 尤伯杯赛(即女子团体赛)

1956 年开始每 3 年举办一届,1982 年改为每 2 年举办一届,现已举办过 26 届。

3. 世界锦标赛(即 5 个单项比赛)

1977 年开始每 3 年举办一届,1983 年以后改为每 2 年举办一届,2006 年起羽毛球世锦赛每年举办一次,截至 2023 年已举办过 28 届。

4. 世界杯赛(即 5 个单项比赛,已停办)

1981 年开始,每年举办一届,1997 年停办,2005 年、2006 年羽毛球世界杯恢复举办,2006 年世界杯羽毛球赛正式停办,共举办了 19 届。

5. 苏迪曼杯混合团体赛

1989 年开始,每 2 年举办届,现已举办了 18 届。

三、中国羽毛球运动发展简况

20 世纪 20 年代末至 30 年代中期，羽毛球运动传入中国，但在新中国成立前，从未举办过全国性的羽毛球比赛，仅上海、天津、北平和广州开展了这项运动。新中国成立后，羽毛球项目很快成为我国体育运动的重点项目之一。

新中国成立后，中国共产党和人民政府高度重视体育运动的普及和发展。1949 年 10 月，我国翻译并统一了全国羽毛球比赛规则。1953 年，在天津举办了第一次全国羽毛球赛。1954 年，印尼侨生王文教、陈福寿等具有较高羽毛球技术水平又有爱国热情的赤子回到祖国，为我国羽毛球运动的发展起到了很大的推动作用。1956 年，开始每年举行一次全国性 4 个单项（男子单打、女子单打、男子双打、女子双打）的羽毛球比赛，单打采用分组分阶段双败淘汰制，双打采用双败淘汰制。1958 年 9 月中国羽毛球协会在武汉成立，同年举行的由全国 11 个城市参加的羽毛球赛，增设了混合双打项目。1959 年，举行了首次全国少年羽毛球赛，同年 9 月举行了第一届全国运动会羽毛球 5 个单项的比赛，均采用单淘汰制，根据各单项成绩计分算出团体名次。在本届全国运动会上福建队以绝对优势取得了男单、男双、女单和女双的冠军，并取得团体总分第一名。从此，福建便成为我国羽毛球运动开展的重要基地。

1960 年，印度尼西亚青年羽毛球名将汤仙虎、侯加昌、方凯祥、陈玉娘相继回国，带回了国外先进技术和打法，这个时期，福建队和广东队成为我国羽坛的两霸主：福建队以手法细致、突击动作小、出手快、爆发力强而著称；而广东队则以快速上网，采用垫步加蹬跨步，后退步法则以蹬跳步，从而加快整个场上步伐速度而著名。福建队、广东队互相学习互相促进，对推进全国羽毛球运动起了带头作用，我国羽毛球技术水平出现了一个划时代的飞跃。

1960—1962 年，我国国民经济处于暂时困难时期，因此，1961 年和 1962 年没有举办全国羽毛球比赛。

1963 年 7 月 11 日—8 月 12 日，世界第一流水平的印度尼西亚羽毛球队访问我国。他们阵容整齐，实力雄厚，曾于 1958 年和 1961 年连续两届汤姆斯杯夺冠。访问期间，中国国家队、中国青年队、广东队、福建队、湖北队分别与之进行了 10 次 50 场对抗赛，比赛均获得胜利，此结果震惊了世界羽坛。同年 11 月，我国羽毛球队参加了在印度尼西亚首都雅加达举行的第 1 届新兴力量运动会，由汤仙虎、侯加昌、林建成、吴俊盛、张铸成、梁小牧、陈玉娘、陈家琰、陈丽娟、林小玉组成的中国羽毛球队获得女团、男单两项冠军，并获得男单第二，女单第二、三名和男女双打第二、三名的好成绩。

1964 年，印度尼西亚羽毛球队在蝉联了 3 届男子世界冠军之后再次到我国访问。来访的队员绝大部分是参加汤姆斯杯的主力队员，包括男单世界冠军陈有福,访问的目的很明显,试图决一雌雄。我国国家队、广东队与之分别进行了五场三胜的团体对抗赛,比赛结果还是我国羽毛球队获得胜利。这说明中国羽毛球运动水平已赶上了世界强队的水平。

1965年9月,我国在北京举行第二届全国运动会羽毛球比赛,检阅了第一次全国羽毛球训练工作会议所取得的成果。同年10月,中国羽毛球队应邀访问了丹麦和瑞典,我国羽毛球队以34∶0的绝对优势获得全胜,使世界羽坛为之震惊,外电外报称誉我国羽毛球为"冠军之冠军"和"无冕之王"。

1966年4月,丹麦国家羽毛球队访问我国,分别与我国国家一队、国家二队、上海队、湖北队、福建队、广东队进行了团体对抗赛,开启了我国与欧洲劲旅对抗赛的历史。这一时期,国家体委陆续审批、公布了10名国家级羽毛球裁判员。各省、市体委也陆续审批、公布了一批国家一级、二级、三级羽毛球裁判员,初步建立了我国羽毛球裁判等级体系,逐步形成了一套行之有效的羽毛球竞赛体制。

1966年开始的"政治革命"给我国羽毛球事业带来了灾难。全国各地的体育场、馆等设施被毁或被占,羽毛球竞赛器材散失殆尽,各级羽毛球队被迫解散,竞赛干部和体育工作者被大批下放,初步建立起来的竞赛体制、裁判制度惨遭破坏。

1971年,国家体委决定恢复组建国家羽毛球队,并在福州举行全国羽毛球集训,集训的主要形式是进行分组分阶段循环比赛,历时约一个月。1972年6月13日,我国举行了包括羽毛球在内的全国五项球类运动会,这是自1966年"政治革命"后第一次全国性的比赛,它大大推动了各省市羽毛球运动的开展,随后被下放到农村和干校的羽毛球工作者先后被调回,羽毛球竞赛工作开始复兴。

1973年,我国开始举行全国性的羽毛球比赛,并增加了少年赛及分区赛,并在同年分别举办中国—斯里兰卡、中国—巴基斯坦、中国—日本、中国—尼泊尔等国际对抗赛,通过这些比赛,我国了解了世界技术发展状况,检阅了自己的队伍。为了尽快改变教练员、运动员青黄不接的局面,国家体委决定自1974年起,每年都举行一次全国性的青少年比赛,并结合比赛进行训练教学交流。

1975年9月,中断了10年的第三届全运会在北京举行,羽毛球比赛分男、女团体,男、女单打,男、女双打,混合双打和少年男女单打与双打等组别进行比赛。

1976年9月,国家集训队和国家青年队与来访的日本男、女羽毛球队进行了两场对抗赛,我国参赛队伍基本上启用新手参战,既检阅了3月份在北京的集训成果,也为我国参赛队伍参加第四届亚洲羽毛球赛热身。

1978年4月1日,国家体委公布《中华人民共和国裁判员条例(草案)》,对重建我国羽毛球裁判队伍起到了重要的推动作用。同年4月,在北京举行的第二届亚洲羽毛球邀请赛,使我国羽毛球竞赛工作者积累了举办国际羽毛球比赛的经验;6月,第二次全国羽毛球训练工作会议在秦皇岛举行,会上成立了中国羽毛球协会裁判委员会,接着又在武汉举行了第一届晋升国家级羽毛球裁判员的考试,通过理论笔试、口试和临场实践考核,录取、审批了我国第一批通过考试晋升的国家级羽毛球裁判员,我国羽毛球裁判员等级制度初步形成。

1979年6月,世界羽联主办的第一届世界杯暨第二届世界羽毛球锦标赛在我国杭州举行,这次比赛的秩序册上印有"七喜"等国内外商业广告,标志着竞赛与商业结合的尝试。这也是我国首次举办正式的国际羽毛球赛事。

改革开放以后,我国大力恢复发展羽毛球事业,第一次全国体育盛会——中华人民共和国第四届运动会于1979年9月在北京举行。在这次运动会中,羽毛球比赛设男、女团体,男、女单打,男、女双打及混合双打项目,这次全运会羽毛球赛体现了我国羽毛球运动普及面在扩大、运动队伍在迅速发展、新建队伍的水平有了明显提高。

20世纪80年代,我国竞技羽毛球竞赛体制逐步完善,竞赛工作人员的工作能力如臻成熟,办赛经验已达世界一流水平。在此期间,国家体委修订颁布了《运动员技术等级标准》《运动员技术等级制度》《仲裁委员会条例》《中华人民共和国裁判员条例(草案)》《裁判员等级制度》和《全国体育竞赛赛区工作条例》《运动员守则》《教练员守则》《裁判员守则》等竞赛法规,使我国的羽毛球竞赛工作更加规范。我国的一批羽毛球裁判员登上国际羽坛,执裁奥运会、亚运会等羽毛球赛场。我国也先后成功举办了亚运会羽毛球赛、汤尤杯赛、世界羽毛球锦标赛、中国羽毛球公开赛等高水平的世界羽毛球比赛,获得了世界竞赛专家的一致好评,与此同时,我国羽坛也涌现了一批新秀,他们脱颖而出,在各种类型的国际比赛中取得了好成绩。

1981年,在美国举办的第一届非奥运会项目世界运动会上,我国获男单、女单与男双、女双打冠军。

1981年5月,国际羽联和世界羽联正式合并,中国羽坛健儿正式步入了世界比赛的最高舞台。1982年3月和5月,我国羽毛球健儿又在全英锦标赛和汤姆斯杯赛中再创辉煌,勇夺冠军。1986年、1988年我国连续两次获得汤姆斯杯和尤伯杯的双冠军。1987年的世界锦标赛和1988年的世界杯赛的5项冠军都被我国健儿囊括,创造了一个国家选手连续囊括世界级比赛5个单项冠军的最高纪录。

20世纪90年代,广大羽毛球竞赛工作者对羽毛球竞赛体制的理解更加深刻,对羽毛球竞赛方法运用更加熟练,组织羽毛球竞赛的水平更高,并积极探索羽毛球竞赛的改革路子,为我国羽毛球运动水平的提高做出了贡献。根据群众羽毛球活动规律,我国推出了"荣誉赛""积分联赛""轮空抽签定位"等新的竞赛法和赛制,公布了《群众羽毛球运动员等级制度》,促进了群众羽毛球运动的发展。随着市场经济的发展,我国积极开拓了羽毛球竞赛市场,改革赛制,初步建立了羽毛球竞赛申办制度、招投标制度和羽毛球运动员注册办法,创办了集训赛、大奖赛、冠名赛、俱乐部赛等形式多样的羽毛球竞赛系列,积极举办了各种国际比赛,增加了运动员的比赛机会和实战经验,引导技、战术创新,为训练服务引入了积分制、佩寄制,整顿了赛风赛纪。

1988年汉城奥运会,羽毛球被列为奥运表演项目。1992年巴塞罗那奥运会上羽毛球被列为正式比赛项目。此时,我国男女队正在步入新老队员交替的阶段,故在此届奥运会上只夺得一项女双亚军。

1993年,中国国家羽毛球队教练员班子大换班,总教练王文教和副总教练陈福寿、侯家昌均退役,由李永波副总教练(后转为总教练)、李玲蔚、李矛、田秉毅出任教练组负责人,担起对新一代运动员的培养任务。

1994年广岛亚运会,中国队虽无一金牌入账,但已培养出一批年轻新手,于1995年开始走出低谷,首次夺得"苏迪曼杯"冠军。

1995年,叶钊颖在世界锦标赛上夺得女单冠军。

1996年亚特兰大奥运会,葛菲/顾俊夺得女双冠军,实现了我国羽毛球项目在奥运会上金牌"零"的突破。

1997年,我国运动员再次夺得"苏迪曼杯"冠军,同时,在世界锦标赛上获得女单、女双和混双3块金牌,开始步入再铸辉煌的历程。

1999年,我国举行了第一次全国羽毛球俱乐部赛,将国内羽毛球比赛、世界羽毛球大赛与开拓市场紧密结合起来,引导各类竞赛健康发展。

进入新世纪我国羽毛球水平发展进入巅峰阶段,国家羽毛球队精英在各种大赛中取得好成绩。

2000年悉尼奥运会,我国运动员吉新鹏夺得男单冠军、龚智超夺得女单冠军、葛菲/顾俊再次夺得女双冠军、张军/高陵夺得混双冠军。

2001年,我国再次夺得苏迪曼杯冠军。在世锦赛上龚睿娜夺得女单冠军、高陵/黄穗夺得女双冠军、高陵/张军夺得混双冠军。

2003年世锦赛,夏煊泽夺得男单冠军、张宁夺得女单冠军、高陵/黄穗夺得女双冠军。

2004年,我国夺得汤、尤杯双冠军,并在第28届奥运会上张宁夺得女单冠军、张军/高陵夺得混双冠军、杨维/张洁雯夺得女双冠军。

2005年,我国夺得苏迪曼杯冠军,在世锦赛上谢杏芳夺得女单冠军、杨维/张洁雯夺得女双冠军。在世界杯赛上林丹夺得男单冠军、蔡赟/傅海峰夺得男双冠军、谢杏芳夺得女单冠军、杨维/张洁雯夺得女双冠军、谢中博/张亚雯夺得混双冠军。

2006年,我国在日本东京夺得汤、尤杯冠军,在世锦赛上谢杏芳夺得女单冠军、林丹夺得男单冠军、蔡赟/傅海峰夺得男双冠军、高陵/黄穗夺得女双冠军。在世界杯赛上林丹夺得男单冠军、高陵/黄穗夺得女双冠军、王仪涵夺得女单冠军。

2007 年,我国夺得苏迪曼杯冠军,在世锦赛上朱琳夺得女单冠军、林丹夺得男单冠军、杨维/张洁雯夺得女双冠军。

2008 年,我国在印尼雅加达夺得汤、尤杯双冠军,并在北京第 29 届奥运会上林丹夺得男单冠军、张宁夺得女单冠军、于洋/杜靖夺得女双冠军。

2012 年,中国羽毛球队在伦敦奥运会包揽全部 5 项冠军。林丹蝉联男单冠军、李雪芮夺得女单冠军、蔡赟/傅海峰夺得男双冠军、田卿/赵云蕾夺取女双冠军、张楠/赵云蕾夺取混双冠军。

2016 年,里约奥运会,谌龙夺得男单冠军、张楠/傅海峰夺得男双打冠军。

2021 年,东京奥运会,陈雨菲夺得女单冠军,这是中国队在奥运会上时隔九年再次夺得女单金牌、王懿律/黄东萍夺得混双冠军。

2023 年,中国羽毛球队夺得苏迪曼杯冠军。

2024 年,巴黎奥运会,郑思维/黄雅琼夺得混双冠军、陈清晨/贾一凡夺得女双冠军。

现在是羽毛球运动从竞技羽毛球向健身羽毛球、商业羽毛球拓展,国内比赛向国际高水平比赛发展,羽毛球竞赛体制更加全面完善,竞赛方法更加多样,办赛经验更加丰富的年代。中国羽毛球竞赛体制正在进一步调整赛制,培养人才,羽毛球运动正迎来阳光明媚的春天。

四、羽毛球组织机构的设置

(一)羽毛球世界联合会

羽毛球世界联合会(简称 BWF)是一个国际性羽毛球运动的管理组织,成立于 1934 年,总部设立在马来西亚吉隆坡,现有 163 个正式会员协会。

世界羽联的任务是普及和发展世界羽毛球运动,加强各国羽毛球协会之间的联系。现任主席是亚特兰大奥运会羽毛球男子单打奥运冠军丹麦人拉尔森。正式工作用语为英语。

1934 年通过第一部章程,国际羽毛球联合会正式成立。成立之初国际羽联有 9 个成员(加拿大、丹麦、英格兰、法国、爱尔兰、荷兰、新西兰、苏格兰和威尔士),之后即迅速发展为拥有众多成员并受到世界公认的国际性组织。1981 年 5 月,国际羽毛球联合会与 1978 年成立另一组织世界羽毛球联合会(World Badminton Federation)合并,并维持原有名称。2006 年 9 月 24 日,国际羽毛球联合会正式改名为现如今的羽毛球世界联合会。新联合会的第一项举措是在 2007 年创办 12 站羽毛球超级系列赛,而且赛季末将举办超级系列赛的总决赛。

羽毛球世界联合会的最高权力机构是代表大会,每年召开一次。大会的任务是羽毛球世界联合会吸收新会员,审议会员提出的有关修改章程和规则的建议,选举领导机构和专门委员会,听取主席和秘书长的总结报告。代表大会闭会期间,由理事会负责各项工作,理事会由不超过 7 人的官员(主席、前任主席、下任主席、若干副主席)、5 个大洲联合会代表和 12 个委员组成。国际羽联下设非洲、亚洲、欧洲、美洲和大洋洲 5 个地区联合会。

(二) 中国羽毛球协会

中国羽毛球协会(CHINESE BADMINTON ASSOCIATION)是具有独立法人资格的全国性群众体育组织,是代表我国羽毛球项目活动的最高社会团体,并且代表中国参加相应的国际羽毛球活动及国际羽联的唯一合法组织,系非营利性社会组织。本协会由各省、自治区、直辖市、各行业体协、解放军所属羽毛球运动组织及其他合法羽毛球社会团体等自愿组成的全国性体育组织。

国家体育总局乒乓球羽毛球运动管理中心为国家体育总局直属事业单位,同时,又是中国乒乓球协会、中国羽毛球协会的常设办事机构,并赋予对乒乓球羽毛球运动项目全面管理的职能。乒乓球羽毛球运动管理中心在国家体育总局的领导下开展工作,有关训练竞赛和一般性的日常工作由竞技体育司综合管理,其他有关外事、财务、人事、党务、监察、审计等工作分别由国家体委有关职能部门实行归口管理。中心内部实行行政领导负责制。

五、羽毛球运动的价值

羽毛球运动是一项运动器材简便,对场地要求不苛刻,充满趣味,促人交往,既娱人又娱己的小型球类运动,因此深受广大群众喜爱。两只拍子、一只球、一块小空地,不管室内室外、有网无网,均可进行。运动量可大可小,老少皆宜,适合各种年龄、各种阶层人群的需求,因此适宜的群众竞赛体制能推动群众性羽毛球运动向更深更广的层次发展。它在打破隔阂、增进友谊、促进交往方面也有其他运动方式不可替代的作用,如羽毛球赛中经常会有相互没有建交的国家(地区)的运动员同场较艺,从而打破了坚冰,促进了交流,增进了友谊。

羽毛球运动的竞技性很高,技术性很强,具有灵活、快速、多变等技术特点。单是手法就有搓、推、勾、扑、放、杀、拉、吊、抽、挑、挡等。吊球又分为轻吊、劈吊、正手吊、反手吊、头顶吊等。再加上落点之变,真是举不胜举。还有垫、跨、蹬、跳、前跑、后退、侧移、交叉等令人眼花缭乱的步法。因此,羽毛球比赛时,运动员的表演十分精彩,时柔、时刚,时快、时慢,极具观赏性,是观众非常喜爱的竞技项目。因此,羽毛球竞赛已成为商家所青睐的广告载体和社团宣传社会精神的场所。

竞技羽毛球运动项目既有集体项目,又有个人项目,既需要团队精神,又需要个人拼搏。一场羽毛球单打比赛约 40～70 分钟,每位运动员要在 35 平方米的场地上变向 500 多次,奔跑 3000 米以上,不断地加速、急停、弯腰、后仰、起跳、转体,体力消耗很大。运动员不但要有充沛的体能,还要有顽强的意志品质,既要斗勇又要斗智,羽毛球竞赛蕴含团结拼搏,更高、更快、更强的向上精神,所以观看羽毛球竞赛,会给人们一种潜移默化的教育。

由于羽毛球运动员的任何成绩的取得都要通过竞赛,因此羽毛球竞赛是检验运动员训练情况的重要手段,它能引导羽毛球运动技、战术的创新,能提高运动员的心理素质,增强运动员的实战经验。

总而言之,羽毛球运动有很高的观赏价值、健身价值、商业价值、竞技价值及社会教育功能。

六、羽毛球运动发展前景

随着我国社会经济、文化及体育事业的进步与发展,羽毛球运动已受到越来越多群众的喜爱。1998 年由"摩托罗拉"承办的羽毛球"天王"挑战赛在全国各大中城市相继开展,推动了我国的羽毛球事业的发展。

从 1992 年第 25 届巴塞罗那奥运会开始,羽毛球被列入正式比赛项目,世界各体育强国更加重视羽毛球运动的开展和水平的提高,竞争将更加激烈。

有关汤姆斯杯、尤伯杯比赛资料如表 1-1、表 1-2 所示。

表 1-1 历届汤姆斯杯冠、亚军队

届次	年份	地点	参加国家和地区	冠军	亚军	决赛成绩
1	1949	普林斯顿(英国)	10	马来亚	丹麦	8:1
2	1952	新加坡	12	马来亚	美国	7:2
3	1955	新加坡	21	马来亚	丹麦	8:1
4	1958	新加坡	19	印度尼西亚	马来亚	6:3
5	1961	雅加达(印尼)	19	印度尼西亚	泰国	6:3
6	1964	东京(日本)	26	印度尼西亚	丹麦	5:4
7	1967	雅加达(印尼)	23	马来西亚	印尼	6:3
8	1970	吉隆坡(马来西亚)	25	印度尼西亚	马来西亚	7:2
9	1973	雅加达(印尼)	23	印度尼西亚	丹麦	8:1
10	1976	曼谷(泰国)	26	印度尼西亚	马来西亚	9:0
11	1979	雅加达(印尼)	21	印度尼西亚	丹麦	9:0

届次	年份	地点	参加国家和地区	冠军	亚军	决赛成绩
12	1982	伦敦（英国）	26	中国	印尼	5:4
13	1984	吉隆坡（马来西亚）	34	印度尼西亚	中国	3:2
14	1986	雅加达（印尼）	38	中国	印尼	3:2
15	1988	吉隆坡（马来西亚）	35	中国	马来西亚	4:1
16	1990	东京（日本）	53	中国	马来西亚	4:1
17	1992	吉隆坡（马来西亚）	54	马来西亚	印尼	3:2
18	1994	雅加达（印尼）	51	印度尼西亚	马来西亚	4:1
19	1996	香港（中国）	59	印度尼西亚	丹麦	5:0
20	1998	香港（中国）	59	印度尼西亚	马来西亚	3:2
21	2000	吉隆坡（马来西亚）	59	印度尼西亚	中国	3:0
22	2002	广州（中国）	59	印度尼西亚	马来西亚	3:2
23	2004	雅加达（印尼）	59	中国	丹麦	3:1
24	2006	东京（日本）	12（决赛队）	中国	丹麦	3:0
25	2008	雅加达（印尼）	12（决赛队）	中国	韩国	3:1
26	2010	吉隆坡（马来西亚）	12（决赛队）	中国	印尼	3:0
27	2012	武汉（中国）	12（决赛队）	中国	韩国	3:0
28	2014	新德里（印度）	16（决赛队）	日本	马来西亚	3:2
29	2016	昆山（中国）	16（决赛队）	丹麦	印尼	3:2
30	2018	曼谷（泰国）	16（决赛队）	中国	日本	3:1
31	2020	奥胡斯（丹麦）	16（决赛队）	印度尼西亚	中国	3:0
32	2022	曼谷（泰国）	16（决赛队）	印度	印度尼西亚	3:0
33	2024	成都（中国）	16（决赛队）	中国	印尼	3:1

表 1-2　历届尤伯杯冠、亚军队

届次	年份	地点	参加国家和地区数量	冠军	亚军	决赛成绩
1	1957	兰开郡（英国）	11	美国	丹麦	6:1
2	1960	费城（美国）	14	美国	丹麦	5:2
3	1963	威尔明顿（美国）	11	美国	英国	4:3
4	1966	惠灵顿（新西兰）	17	日本	美国	5:2

届次	年份	地点	参加国家和地区数量	冠军	亚军	决赛成绩
5	1969	东京（日本）	19	日本	印尼	6：1
6	1972	东京（日本）	17	日本	印尼	6：1
7	1975	雅加达（印尼）	14	印尼	日本	5：2
8	1978	奥克兰（新西兰）	16	日本	印尼	5：2
9	1981	东京（日本）	15	日本	印尼	6：3
10	1984	吉隆坡（马来西亚）	23	中国	英格兰	5：0
11	1986	雅加达（印尼）	34	中国	印尼	3：2
12	1988	吉隆坡（马来西亚）	31	中国	韩国	5：0
13	1990	东京（日本）	42	中国	韩国	3：2
14	1992	吉隆坡（马来西亚）	44	中国	韩国	3：2
15	1994	雅加达（印尼）	44	印尼	中国	3：2
16	1996	香港（中国）	47	印尼	中国	4：1
17	1998	香港（中国）	40	中国	印尼	4：1
18	2000	吉隆坡（马来西亚）	43	中国	丹麦	3：0
19	2002	广州（中国）	44	中国	韩国	3：0
20	2004	雅加达（印尼）	45	中国	韩国	3：1
21	2006	东京（日本）	46	中国	荷兰	3：0
22	2008	雅加达（印尼）	12（决赛队）	中国	印尼	3：0
23	2010	吉隆坡（马来西亚）	12（决赛队）	韩国	中国	3：1
24	2012	武汉（中国）	12（决赛队）	中国	韩国	3：0
25	2014	新德里（印度）	16（决赛队）	中国	日本	3：1
26	2016	昆山（中国）	16（决赛队）	中国	韩国	3：1
27	2018	曼谷（泰国）	16（决赛队）	日本	泰国	3：0
28	2020	奥胡斯（丹麦）	16（决赛队）	中国	日本	3：1
29	2022	曼谷（泰国）	16（决赛队）	韩国	中国	3：2
30	2024	成都（中国）	16（决赛队）	中国	印尼	3：0

第一章 羽毛球运动基本知识

第二节　羽毛球运动击球基本理论

一、击球技术要素

（一）场地和击球位置

1. 击球区域

将场地划分为前场、中场和后场，因为在此范围内击球，所以叫击球区域。

（1）前场击球区域：前发球线附近至球网的区域（图1-1）。

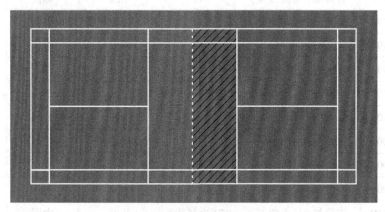

图1-1　前场击球区域

（2）后场击球区域：双打后发球线附近至场地端线的区域（图1-2）。

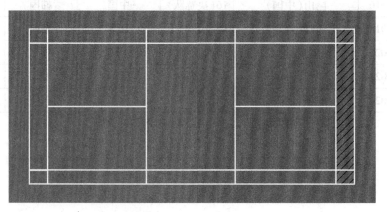

图1-2　后场击球区域

(3)中场击球区域:前发球线以后至双打后发球线以前的区域(图1-3)。

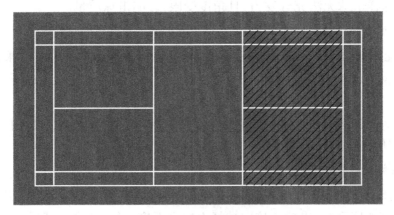

图1-3　中场击球区域

(4)左、右场区:以发球区的中线为届,将场地分为左场区和右场区。

2.击球位置

从场地位置看,击球位置可分为前场、中场和后场击球区域的右边线、左边线和中线,以及发球站位等几个击球位置。从高低位置看,击球位置可分为高手位、中高手位和低手位等击球位置。

(1)右边线击球线路:击球位置包括右场区前场、中场和后场边线附近,在此位置将球沿右边线平行线击至对方的左边线区域为"直线球",将球击向对方的右边线区域为"斜线球",将球击至对方球场中线附近称为"中路球"。

(2)左边线击球线路:击球位置包括左场区前场、中场和后场边线附近,在此位置将球沿左边线平行线击至对方的右边线区域为"直线球",将球击向对方的左边线区域为"斜线球",将球击至对方球场中线附近为"中路球"。

(3)中线击球线路:将球沿中线击至对方中线为"直线球"",击向对方左、右边线区域为"斜线球"。

(4)发球线路:分左、右发球区域发直线、斜线球路。

(5)高手位置击球:击球打点的位置在击球选手肩部以上位置,又称主动击球。这样的击球出球角度灵活,方向多变,威胁大。如后场杀球、吊球和前场扑球、封网。

(6)中高手位置击球:击球打点位置在击球选手肩部以下和腰部之间,又称半主动击球。

(7)低手位置击球:击球打点位置在击球选手膝盖上下部位,又称被动击球。这样的击球出球角度受限,只能向上击高弧度球,如挑球。

(8)击球点靠前:击球点在身体前面,回球距离短,击球速度快,是主动击球的方式。

（9）击球点靠后：指击球点在身体之后，属于"被动击球"，有伸手"够"球打的感觉，这样击球无法充分发力，且角度受限，影响击球质量。

3.击球姿势

（1）正手击球范围与姿势：在身体右侧及头顶后方运用正拍面击球。

（2）反手击球范围与姿势：在身体左侧反手位置，或在身体右前下方用反拍面击球。

（3）头顶击球范围与姿势：在身体左后侧位置，面向来球方向，用正拍面绕头顶在左肩头顶上方击球。

4.球体运行轨迹

羽毛球运动过程中，球体在空中的飞行轨迹大致可以归纳为以下几种。

（1）高弧度飞行：出球轨迹向球场上空高弧度飞行，如高远球、挑高球等。

（2）低弧度飞行：出球轨迹较高，弧度略低，向上空沿平高弧线飞行，如发平高球、后场击平高球和前场推球等。

（3）平行弧度飞行：出球轨迹沿地面与球网以平行弧度向前飞行，称之为平行弧度球，如发平射球、平抽球等。

（4）向下弧度飞行：出球轨迹由球场上空向下飞行，如杀球、吊球、劈球、扑球等。

（5）旋转飞行：击球后，球体在空中改变运行方向，以旋转翻滚的轨迹飞行，如网前搓小球。

（6）直线飞行：出球路线沿与场地边线平行的直线路线向前飞行。如正手直线高远球，指右手持拍者从右后场区击直线飞行高远球至对方左后场区。

（7）斜线（对角线）飞行：出球路线呈对角路线向前飞行。如正手斜线高远球，指右手持拍者从右后场区击斜线飞行高远球至对方右后场区。

（二）基本技术组成

羽毛球基本技术由准备和握拍技术、发球和接发球技术、击球技术、步法技术等几部分组成。

1.准备和握拍技术

（1）单打击球前准备姿势和站位。

（2）单打接发球准备姿势和站位。

（3）双打前场选手击球前的准备姿势和站位。

（4）双打后场选手击球前的准备姿势和站位。

（5）双打接发球准备姿势和站位。

（6）正手握拍。

（7）反手握拍。

2. 发球和接发球技术

（1）正手发球（多用于单打）：正手发高远球、平高球、平射球和小球技术。

（2）反手发球（多用于双打）：反手发平高球、平射球和小球技术。

（3）接发前场小球：接发球挑球、推球、勾对角球、搓球、扑球、推扑身上球、拨半场球技术。

（4）接发后场球：接发球击高远球、平高球、吊球、劈球、杀球、抽杀球和拦截球技术。

3. 击球技术

（1）前场击球：前场搓球、放小球、挑球、推球、勾对角小球、扑球、拨半场球和封网球技术。

（2）中场击球：中场击球抽平挡球、接杀挑高球、接杀平抽球、接杀勾对角小球、接杀放直线小球、接杀拨半场球和抽杀球技术。

（3）后场击球：后场平高球、高远球、吊球、杀球、劈球和拦截球技术。

4. 步法技术

（1）前场步法：前场上网步法、起跳扑球移动步法。

（2）中场步法：中场接杀球步法、起跳腾空抽杀球移动步法。

（3）后场步法：后场后退步法。

（三）基本击球线路

击球线路是指球被击出后所运行的方向。羽毛球技术细腻，组合复杂，在前场、中场和后场不同击球区域，右边线、中线和左边线不同击球地点，高手位、中高手位和低手位不同击球位置，正手、反手和头顶不同击球姿势，直线和斜线不同出球线路，选手大致能运用300多条杀击球线路。

1. 后场区域击球线路

后场击球技术有高远球、平高球、吊球、杀球和劈球，每一种击球技术都可以运用后场正手、头顶和反手3种击球姿势，采用高手位、中高手位和低手位（杀球和劈球除外），在右边线、中线和左边线位置上，击出不同击球技术的直、斜线球路。

（1）高远球、平高球和吊球击球线路：从场地左边线、中线和右边线位置，以高、中和低手位，运用正手、头顶和反手3种击球姿势，击出各种直、斜线高远球、平高球和吊球。

（2）杀球和劈球线路：在左边线、右边线和中线位置，以高和中高手位，运用正手、头顶和反手3种击球姿势，击出各种直、斜线杀球和劈球。

2. 前场区域击球线路

前场击球技术有搓球、放小球、挑球、推球、勾对角小球、扑球、拨半场球和封网球。每一项击球技术都可以运用正手和反手两种击球姿势,采用高手位、中高手位和低手位,在右边线、左边线和中线位置上击出前场不同击球技术的直、斜线球路。

（1）挑高球、放小球和勾对角小球：在左边线、右边线和中线位置,以低手位运用正、反手两种击球姿势,击出各种直线、斜线挑高球、放小球和勾对角小球。

（2）平推球、勾对角小球和搓小球：在左边线、右边线和中线位置,以中高手位运用正、反手两种击球姿势,击出各种直线、斜线平推球、勾对角小球和搓小球。

（3）扑球、拨半场球和封网球：在左边线、右边线和中线位置,以高手位运用正、反手两种击球姿势,击出各种直线、斜线扑球、拨半场球和封网球。

3. 中场区域击球线路

中场击球技术有接杀挑高球、接杀平抽球、接杀放小球、接杀勾对角球、拦截球和发球,每一种击球技术都可以运用正手和反手击球姿势,用高、中高和低手位,在右边线、左边线和中线位置击出中场不同击球技术的直线、斜线球路。

（1）接杀挑高球、放小球的勾对角球：在左边线、右边线和中线位置,以中高手位和低手位,运用正、反手击球姿势,击出各种直、斜线接杀挑高球、放小球和勾对角球球路。

（2）接杀平抽球和拦截球：在左边线、右边线和中线位置,以高手位和中高手位,运用正、反手击球姿势,击出各种直、斜线接杀平抽球和拦截球。

（3）各种发球：从左发球区、右发球区,运用正手和反手击球姿势,发出各种直线、斜线球。

在300多条击球线路中,有轻柔飘逸的网前旋转小球,有时速近300千米的后场扣杀球,有长短距离不等的直线、斜线球,等等。双方选手在快速运动中,娴熟地运用这些击球线路,配合运用击球的时间差,加上心理和精神意志的对抗,构成羽毛球这一变化无常、妙趣横生的竞技运动。

二、影响击球质量的基本因素

羽毛球竞赛比的是球体在空中飞行的速度和线路的变化。高质量的击球集球速快、落点准、线路巧、变化多位一体,最大限度地调动对手,给对手制造最大的障碍,迫使对手出现漏洞,或是跟不上节奏被迫失误,从而取得比赛胜利。

击球质量受来球状况、击球意识、击球技术等多方面因素的影响,现就一些基本的、直接影响击球质量的击球技巧因素分述如下,如能协调处理好这些因素,就能提高击球质量。

（一）击球力量

击球力量是说运动中持拍手作用于球体上的力量。实战中击球力量的大小由引拍产生的速度和力量、球拍和拍弦的反弹力、羽毛球球托的弹性等因素决定。

运动中击球力量的大小直接反映在球体运行速度的快慢上。速度力量较强者，持拍手挥拍作用于球体上的力大，打出的球向前飞行的速度也就较快；而速度力量较弱者，挥拍作用于球体上的力较小，球体飞行的速度也就较慢。除此之外，击球速度力量的大小还受球拍和拍弦产生的反弹力、球托弹性等影响。

击球力最大，球体飞向对方场区速度快，可增加对手击球的难度。对手的判断、起动、移动、击球等一系列动作都要快，才能抢在球体落地前获得最佳的击球位置。另外，击球力量越大，球速越快，飞行越远。击出力量大、速度快的球，需注意综合协调以下几方面因素。

（1）注意上下肢和躯干各部位动作协调配合，肌肉张弛有序，力量集中，在击球的瞬间，使爆发力通过球拍作用于球体上。

（2）击球前引拍动作要充分合理，留有加速空间，在挥拍产生速度最快时击中球体。

（3）选择最佳击球点和较好的击球角度。

（4）击球时要以正拍面击球。

（5）击球后迅速收拍，做好击下一次球的准备。

（二）击球弧度与节奏

击球弧度是指球被击出后，球体在空中飞行的轨迹与地面形成的高低距离。在羽毛球运动中，击球弧度可以分为高弧度球、低弧度球、平行弧度球和向下弧度球。击球节奏是指从选手将球击出到对手回球后再次击球之间的时间，即双方竞赛一个回合，这个回合所需时间越短，节奏就越快。击球弧度的高低影响了球速的快慢、飞行距离的长短和落点的位置，从而左右双方比赛进行的速度和节奏。

1.高弧度线路球

出球角度与地面夹角越大，球向上飞行的弧线曲度越大，球飞行至最高点后下落距离越短，球体飞行速度也越慢，竞赛速度和节奏也随之减慢。实战中，防守过渡时可运用高弧度球来放慢击球节奏，争得回位时间，调整失衡的身体重心。如果击球弧度不够高，对方击球速度节奏较快，则回位时间不够，效果不好。

2.低弧度线路球

出球角度与地面夹角越小，球飞行至最高点后下落的距离越长，球体飞行速度就越快,竞赛速度和节奏随之加快。实战时主要用于控制、反控制中,以有效地调动对手位置,低弧度球的弧度高低是关键,弧度过高,则击球速度节奏放慢,达不到战术目的;弧度过低,则易被对手拦截,击球速度和节奏加快,主动变为被动。击球弧度以使对手从中场位置起跳拦截不到为宜。

3. 向下飞行弧度球

球体在空中运行但没有抛物线,球体飞行距离最短,速度和节奏也最快。实战运用中,击向下飞行弧度球,如击球带有抛物曲线,则击球节奏放慢,战术效果不好。

4. 平行飞行弧度球

球体在空中运行略有一定曲线,但弧度较低,飞行距离长,竞赛速度和节奏较快。实战运用中,平行弧度球应防止飞行弧线过高,造成对手回击球节奏加快,击球威胁加大。

选手在比赛中应综合考虑以上因素,以控制和调节比赛的速度和节奏。

(三)击球落点

击球落点指将球击向对方场区的位置点,击球落点质量的高低以击球深远度来衡量。击球深远度是指击球落点相对于场地边沿和球网的远近程度。击球落点距离边线越近,表示击球越深远,调动对手范围越大,越能增加对手击球的难度,战术效果越好。相反,击球落点距离边线越远,表示击球质量不好,调动对手范围小,对手击球比较容易,战术效果不好。

1. 击后场球

击球落点越靠近端线,落点越深,后场球战术效果越好。如果落点距端线太远,则击后场球质量不高,战术效果不好。

2. 击前场球

击球落点越靠近球网,击球落点越深远,战术效果越好,如果落点距离球网太远,则击前场球质量不高,战术效果不理想。

3. 击边线球

击球落点靠近边线,落点越深远,战术效果越好,反之则战术效果越不好。

以后场球为例,如击球不够深远,即所谓的"半场球",击出球飞行落点在中场附近,则对手能在主动位置回击球,速度节奏加快。击后场球落点越靠近端线,越有时间为还击下一个球做好准备,同时又能迫使对方远离场地中心位置,增加其击球难度,达到有效调动对手的目的。实战中击后场球必须击得深远,切忌击出不高不远的"半场球",以免"送货上门",迎合对手凌厉进攻的目的。

(四)击球拍面

击球拍面是指球拍与球托的接触方式,羽毛球运动中,根据击球技术的不同要求,可采用正拍面和斜拍面方式击球。用正拍面击球,球体运行的速度快,力量大;用斜拍面击球,球体运行距离缩短。斜拍面摩擦切击球体,球体呈现旋转翻滚的轨迹。

1.正拍面击球

球拍与球托接触瞬间以正拍面击打球托,球拍拍面与球托的摩擦力小,击球力量大,球速快,如平高球、杀球和挑球等都以正拍面击球,正拍面击打球托正面可击出直线球。

2.斜拍面击球

球拍与球托接触瞬间以斜拍面击打球托正面,加大拍面与球体产生的摩擦力,通过控制击球力量控制球体飞行的速度和距离,如吊球、劈球等都以斜拍面击球。

3.斜拍面捻动切击球

以倾斜拍面轻力捻动摩擦切击球托的不同侧面,改变球体的运行轨迹,产生旋转球,如网前搓小球就是以斜拍面捻动击打球托的不同部位来使球体产生不同方向的旋转。

4.高手位击球拍面变化对击球方向的影响

在头顶上方高手位置,拍头向上,拍面与地面呈垂直走向。

(1)正拍面向下45°击球,球呈向下弧度飞行,如击吊球、杀球以及前场扑球、封网球等。

(2)正拍面向后仰45°,球呈平高弧度飞行,如击平高球。

(3)正拍面向后仰65°,球呈高弧度飞行,如击高远球。

(4)正拍面从后场向左斜45°击打球托右后侧部,球向左前方斜线飞行,如右手持拍者正手击斜线高远球、吊球等。

(5)正拍面从后场向右斜45°击打球托左后侧部,球向右前方斜线飞行,如右手持拍者头顶击斜线吊球等。

(6)正或反拍面击打球托底部,球呈直线飞行,如正手或反手击直线平高球。

(7)反拍面从后场向左斜45°击打球托右后侧部(背向球网方向),球向右前方斜线飞行(面向球网方向),如后场反手击斜线高远球、杀球等。

5.低手位击球拍面变化对击球方向的影响

在头部以下位置,拍头向左下或右下,拍面与地面呈水平走向。

(1)拍面向下倾斜45°,球呈向下弧度飞行,如前场扑球、封网球等。

(2)拍面与地面垂直(90°)以正拍面击球,球呈平行弧度直线飞行,如平推球、推扑球等。

(3)拍面向上仰145°击球,球呈平高弧度飞行,如推球、半高弧度挑球等。

（4）拍面向上仰165°击球,球呈高弧度飞行,如挑高远球等。

（5）正拍面向右倾斜45°再向左前方挥动击球,球向左前方斜线飞行。

（6）反拍面向左倾斜45°再向右前方挥动击球,球向右前方斜线飞行。

（五）击球点与身体位置

击球点与身体位置是否合适直接关系到击球的质量高低,身体和击球点位置影响击球速度、方向。位置恰当时,击球既省劲、力又大而且速度快,击球质量高;位置不恰当时,击球既费劲,出球又乏力而且速度慢,击球效果不好。

1. 击球点位置

击球点位置大致有击球点前、击球点后、击球点高、击球点低、击球点靠右和击球点靠左几种。

（1）击球点前:指击球点在身体前面。这种主动"迎球击"方式,可缩短回球距离,加快击球速度与节奏,击球角度灵活,击球范围大,变化多。但需注意,过前的击球点击球,容易击球下网或是形成"够球打",击球效果也不好。

（2）击球点后:指击球点在身体之后。这种被动击球方式,击球角度受限,发力不充分,击球节奏放慢,影响击球质量。

（3）击球点高:指击球点在身体制高点。主动击球,由于角度灵活,击球方向变化多、威胁大。如后场杀球、吊球和前场扑球、封网球,击球点居高临下,角度垂直,对手必须从下往上被动回击。

（4）击球点低:指击球点距离身体太近(高手位球),或距离地面太近(低手位球),由于角度受限,只能向上击高弧度球,击球被动,如放网前小球、接杀球等。

（5）击球点靠右:指击球点靠身体右侧,正拍面击直线球容易,而击斜线球角度大,不易掌握。

（6）击球点靠左:指击球点靠身体左侧,反拍面击直线球容易,而击斜线球角度大,不易掌握。

2. 影响最佳击球点的因素

运动中击球点的选择除受对方来球质量的限制外,还受以下四个方面因素影响。

（1）判断与起动:判断准确与否和起动反应快慢是能否获得最佳击球点的前提。运动中争取判断准、起动快,可为步法快速移动创造有利条件。

（2）步法移动:步法移动速度快慢和移动范围大小是能否获得最佳击球点的基础。有了准确的判断和迅速的起动,加上快速的大范围移动步法,使身体赶在球体运行下落前到位,就能取得较好的击球点。

（3）出手快慢:到达击球位置后,应掌握适当的时机引拍击球。如果出手快(即动手引拍早),击球点高,发力充分,击球主动,效果好;如果出手慢(即动手引拍晚），击球点低，发力不充分，击球速度慢，击球质量不好。不过也应注意，如果出手太早，球还未下落就开始引拍，就会打点不准。恰当的出手时间，以后场球为例，球体刚调头下落时，开始出手引拍，这样，当球体下落到最佳击球点时，正好挥臂击中球托，发力最佳。

（4）引拍挥臂速度：引拍挥臂速度的快慢，也对能否获得最佳击球点产生影响。挥臂迅速，爆发力强，往往能获得最佳击球时间和空间，击球干脆完整；挥臂速度慢，没有爆发力，往往会错过最佳击球点，击球质量受影响。

（六）旋转球特点

前场搓球技术是羽毛球运动击球技术中唯一能使球体产生旋转、改变飞行轨迹的击球技术。这种球的球体运行轨迹不规则，会出现左右上下旋转，影响回击球的方向和稳定性。

1. 影响球体旋转的因素

（1）击球拍面角度：根据来球距离的远近，调整拍面击球角度。来球离网太远，击球拍面应前倾，以斜拍面搓击球托；来球距离球网很近，击球拍面倾斜度加大，以近似水平拍面向前搓捻切击球托。

（2）击中球托的部位：以反手搓球为例，向下切击球托左侧部位，球体向下旋转；向上挑击球托右侧位置，球体则呈上旋飞行。

（3）击球力量：旋转球体产生于摩擦击球，拍面与球体摩擦过度，击球力量过小，致使球体原地旋转，难以向前运行过网；如果击球力量过大，球体难以在拍面上形成一定的黏滞、揉搓状态，则球体不易产生旋转。

2. 应付旋转球的方法

（1）缩短击球时间：回击旋转球的击球时间越短，击球方向偏离的可能性越小。而球托与球拍面接触时间越长，越不易控制回球的方向。竞赛过程中，最佳处理方法是争取较高击球点，由上向下，用小而快的发力动作，缩短击球时间，往对方场区拨击飞行中的旋转球。

（2）找准击球位置：旋转球的特点是球体呈左右、上下旋转运行，击球托偏离或未击中球托，击球方向容易偏离球场造成失误。因此，在球体运行过程中，看准球托方向，找准击球位置，当球托下落"相对正方向"时出手，以反搓小球回击，尽量减少出界失误概率。

（3）加快击球速度：当旋转小球距离球网很近，己方又未能争取到较高击球点时，应用挑高球还击，击球时加快速度，加大拍面仰角，往对方场区中线位置挑高球，以减少出界的概率。

三、击球技术动作基本结构

羽毛球运动中,每项击球技术都靠一系列普遍联系和相互作用的基本环节来完成,科学合理地将各个环节连接在一起称为动作结构。羽毛球技术细腻,形式多样,技术方法各有不同,但各项击球技术动作结构有共同的规律,认识和掌握这些规律,可有效地帮助和促进击球技术的掌握。

(一)上肢手法动作基本结构

羽毛球运动中的上肢技术,无论前场、中场、后场还是发球,击球动作结构均由准备姿势、引拍动作、击球动作和回收动作几部分组成。

1.准备姿势

准备姿势指击球前的预备状态,是为下一步引拍做好充分准备。准备姿势在同类击球技术中要求动作隐蔽、一致,如后场击球、吊球或杀球等击球前的准备姿势均应采取同一姿势侧身隐蔽准备,这样对手不易看清虚实而提前做出判断。击球前的准备姿势切忌动作不隐蔽、不一致,表现有特殊的倾向,以致对手早有判断,影响击球的威力。

2.引拍动作

击球前向与击球方向相反的方向引拍,为发力和变化拍面角度留有足够的空间,使击球获得强大的作用力,其道理如同射箭拉弓。引拍动作成功与否,影响到击球的效果。羽毛球运动中前场、后场和中场击球技术方法不同,引拍动作的要求也不同。后场击球力量大,要求手臂充分后引,加大引拍动作幅度,为击球发力创造足够的空间;前场击球力量小,动作柔和,要求严格控制引拍幅度、角度和力量;中场击球速度快,要求动作快,引拍幅度小。

3.击球动作

击球动作指从结束引拍动作开始向来球方向挥拍击球。完成好击球动作,①要求及时向前挥拍,争取最佳击球点;②根据不同击球技术的要求,调整好向前挥拍的速度和力量;③击球瞬间,应通过手指控制球拍、拍面角度,协调上肢、下肢、躯干和击球技术意识,完成击球动作。

4.回收动作

击球后随挥拍惯性,球拍有一定的随后动作,应迅速收回至击球前准备姿势,做好下次击球准备。回收动作及时而干净利落,利于下次击球。如果回收动作不到位,会影响下次击球的准备时间和引拍动作。

(二)下肢步法动作基本结构

羽毛球运动中的下肢步法结构,无论前场、中场或是后场都包含取位准备、判断起动、移动击球和回位步法等几部分。

1. 取位准备

取位准备是指根据自己的击球质量及对手的击球特点（即击球习惯），在对方击球前，选择一定的位置做好准备。取位积极合理，等于先行半步，有了快速移动步法的基础。准备时应保持一触即发的姿势。主动状态下，身体准备时重心应高一些；被动状态下，身体准备时重心应适当降低。

2. 判断起动

判断起动是指在对手击球瞬间，判断来球方向，同时向来球方向起动。准确判断是快速起动的前提，起动速度的快慢，又直接影响步法移动速度的快慢。判断起动的关键是掌握好节奏；在球从对手拍面击出的瞬间，利用前脚掌，发挥踝关节力量迅速蹬地，向来球方向起动，使身体获得充分的起动加速度。如果判断起动节奏过快，则判断不易准确，影响步法移动速度；判断起动节奏过慢，步法移动速度将无法跟上对方来球的飞行速度。

3. 移动击球

移动击球是指由起动位置向击球位置移动并完成击球。移动击球时应注意：①并步、交叉步、大跨步、小垫步和跳跃步等合理搭配使用，步幅到位。②脚步尽量保持水平移动，不宜抬腿过高，否则影响平面移动速度。③根据来球距离合理地选择步法移动方式，可以一步移动到位击球的，如选择二步移动步法，则不但消耗体能，还浪费移动时间。④击球时应争取运用跳步或是蹬跨步，以提高击球点。

4. 回位步法

击球后迅速调整身体重心，向中心位置回步。击球动作完成后，支撑脚一触地，应即刻向中心位置回动。如果击球后随身体冲力惯性而停留片刻，或加垫多余一小步再回位等，回位不及时，则会影响击下一拍球的步法移动速度。在回位过程中，回位步法节奏应同击球节奏协调一致。击球节奏快，回位也要快；击球节奏放慢，回位速度也可相应放慢。最后的回位步法时间节奏，应是对手击球的瞬间正好是自己回至中心位置、准备开始再次起动之时。

四、羽毛球运动的生理特征

羽毛球运动是技术、战术与体能并重的项目，由于比资时间长，以有氧代谢供能为主，无氧代谢为辅，随着比赛的日趋激烈，无氧代谢比例有增长的趋势，在技术、战术和运动素质日趋提高和完美的同时，重视心理品质和加强心理品质的培养已是优秀运动员的当务之急。

1. 比赛时间长

一场实力相当的女子三盘、男子三盘和单打比赛，可持续 1~2 个小时，但间歇很多。规则规定:每局结束后要交换场地,并有休息时间,每分之间可以有间隙时间。另外,场地不同比赛的回合上差别比较大,因而真正的净运动时间也是不同的。

2.比赛跑动量大

跑动量与打法和场地性能有关。据统计,单打实力相当的高水平比赛中,女子可达 5000 米,男子可达 6000 米以上,尽管随着优质场地的广泛使用和羽毛球技战术的发展。比赛的跑动量有减少的趋势,但跑动的强度在增加,前后快速跑动,跨扑、跳跃动作在增加。

3.击球次数多

比赛中,拉吊战术型的对手比赛总击球次数可达千次以上;而在场地上,两名网前进攻型的选手比赛,总的击球次数仅数百次。攻击力与击球次数成反比。

羽毛球拍长不超过 680 毫米,宽不超过 230 毫米。高水平选手击球时速可达 200 多千米,抽球时速可达 100 多千米,挥拍速度是很快的,一场比赛上千次的击球,没有良好的爆发力和力量耐力是不可能胜任的。

4.心理品质要求高

羽毛球单项比赛不允许教练指导,运动员每处理一拍球都是在重重的压力下做出的,这就要求运动员具备良好的心理品质。优秀的羽毛球选手心理特征一般表现:①对完成所建立的训练及比赛目标有很强的责任感和坚定性;②有克服在艰苦的训练过程和比赛中所遇到的种种困难的非凡的勇气;③情绪稳定,对自己的实力充满信心,有强烈的竞争意识,在大赛中不畏强手,敢于拼搏等。

优秀选手的心理品质既与个性特征有关,又是通过多年训练和比赛逐步培养形成的。

五、常见的羽毛球运动损伤及预防

(一)常见损伤

由于羽毛球运动的特点,下肢需不断移动、起跳,上肢(持拍手)也需不断挥拍击球,同时还需要腰腹的配合,如动作不当,易造成腰、膝、踝关节,手腕、肘部及肩部关节,以及相关的韧带、组织损伤。一般常见的损伤有 5 种:起水泡、肌肉拉伤、扭伤、腱鞘炎、网球肘。

1.起水泡

拇指关节内侧、掌际与拍柄后部相接触的部位、前脚掌等都是容易起水泡的地方,除了平时运动训练太少外,拍柄表面太硬、太滑,手脚部的汗湿,握拍太紧或太松,鞋底太硬,鞋号过大,鞋不合适等都可能导致水泡的产生。对水泡的处理以保守、避免感染为原则,不要贸然忍痛撕掉表皮。另外,还应在拍柄上缠上一层柔软防滑的吸汗带,并且不用拍柄过细或过粗的球拍打球。鞋子穿着不舒服要及时更换。

2. 肌肉拉伤

肌肉拉伤在体育运动中极为常见。肌肉主动强烈地收缩或被动过度拉长超过了肌肉本身的承受能力,所造成的肌肉细微损伤,肌肉部分撕裂或完成断裂,称为肌肉拉伤。

准备活动不充分或不到位,某部分肌肉的生理机能尚未达到适应运动所需的状态,训练水平不够,肌肉的弹性和力量较差,疲劳或过度负荷使肌肉的机能下降、力量减弱、协调性降低,错误的技术动作或运动时注意力不集中,动作过猛或粗暴,气温过低,温差太大,场地或器械的质量不良等都可能引起肌肉拉伤。

3. 扭伤

扭伤的部位主要是脚踝、膝、腰。脚踝扭伤多数是急停或奋力奔跑时以脚外侧先触地面,而单侧脚踝难以承受身体因惯性或制止惯性所产生的强大力量,从而导致踝关节韧带、肌肉以致骨骼的损伤。膝部扭伤多数要归于侧向的急跑和急停所致。腰部突发性扭伤往往发生于球员急停变向(尤其是向后变向)转身跑的时候,发球时的背弓及反弹背弓发力的动作也容易使腰部因吃力不起而导致损伤的发生。

4. 腱鞘炎

腱鞘炎是局部运动量过大引起的一种不适应性炎症反应,多发生于手腕、掌指关节、脚踝后部、肩前部等。

腱鞘主要分布在跨越手指、手腕、肩、踝关节等部位的肌腱上,它像套子一样套于肌腱之外,其作用是减少肌腱活动时与相邻肌腱的摩擦。在羽毛球、乒乓球等项目中,由于击球协作的特点,手腕及肩部肌肉反复收缩牵拉肌腱,使这些部位的腱鞘受到过度摩擦或挤压而引起发炎。其症状是在做挥拍动作或在上臂外展上举动作时感到手腕或肩部疼痛,平时也有压痛感。

5. 网球肘

"网球肘"学名为"肱骨外上髁炎",因多见于网球或羽毛球运动员而得名。反复伸屈腕关节,尤其是用力伸腕而同时又需要前臂旋前、旋后的动作非常容易引起这种损伤。其症状:初期只感到肘关节外侧酸胀和轻微疼痛,或仅在用力伸院与前臂用力旋前、旋后时出现局部疼痛;病情发展时,肱骨外上髁部发生持续性疼痛,痛可向前臂外侧放散,患侧手的力量减低,持物不牢,提重物、拧毛巾及反手击球时,肘外侧疼痛尤为明显。

对羽毛球运动者来说,网球肘最根本的原因:①直臂击球;②发力时腕、肘部的翻转太剧烈、太夸张;③超负荷练习。

缓解网球肘的方法包括以下几点。

(1)纠正直臂击球的动作,让大臂和小臂无论在后摆还是前挥的时候都保持一个固定且具弹性的角度。

(2)用支撑力较强的护腕和护肘保护腕、肘部,限制腕,肘部的翻转和伸直。

(3)打球时于前臂肌腹处缠绕弹性绷带,可以减少疼痛发生,但松紧需适中。

(4)一旦被确诊为网球肘,待完全康复前,最好能够中止练习,并对错误动作进行纠正之后再继续进行练习。

(5)早期症状轻微时,按摩、理疗效果较好;疼痛加重后可采用中药、针灸疗法。

(6)穿弦时减小磅数并选择细一些的弦。松软一些的拍面可以帮助击球者吸收一些因拍、球对抗所产生的振动力,也可以帮助球员更省力地击出落点较深的球。另外,调整拍柄大小至合适,选择重一些的球拍也对缓解疼痛有帮助。

(二)预防

1.一般原则

(1)选择大甜区的球拍、合适的拍弦张力及拍杆硬度。

(2)运动前做好充分的准备活动。上述容易出现损伤的部位,在运动前应充分做好准备活动(如绕场地慢跑、踝关节和膝关节顺时针、逆时针环绕运动、挥空拍等),一般在20分钟左右。秋冬季因气温较低,准备活动的时间也应延长。

(3)掌握并使用正确、规范的技术动作。学习羽毛球时,就应学习和掌握其正确和规范的动作,这不仅是提高羽毛球技术水平的基础,也是减少羽毛球运动损伤的重要因素之一。

(4)控制好运动强度与时间。应根据自身情况,选择合适的运动强度和持续时间。

(5)对场地出现的状况及时处理。由于羽毛球运动中,球员出汗较多,当汗水洒在场地上时,要及时擦干,此通设伤对于场地突然出现的其他可导致受伤的情况时,应立即停止运动,待处理后再行运动。

(6)对于已经发生损伤,未完全康复的或刚发生损伤的,不能继续运动,须待完全康复后再行运动,以免再次或加重已发生的损伤。

2.具体措施

(1)手腕损伤的预防

1)用小哑铃或沙瓶负重做腕部伸展练习,以每次练习时出现手臂酸胀为准,以增加腕部力量次数与重量视个人情况而定。

2）适当加重球拍的重量绕"8"字练习,加强、改善腕部的肌肉活动能力,练习量视个人情况自行掌握。

3）用砖头代替重物,发展手指力量。

4）运动时带上护腕或用弹力绷带加固。

（2）肩袖损伤的预防。将一定重量的物品置于肘部,平举至与肩同高,坚持1~2分钟为一组,每次4~6组,可以加强肩部力量和柔韧性。每组间歇时注意放松,放松时肩部进行正压、反拉及前后绕环练习。

（3）膝关节损伤的预防。通过静力或负重半蹲训练,能增强膝盖部位力量,使运动中出现劳损的可能性减小。做这项练习时,膝关节弯曲的角度可由小变大,直到双膝感到疼痛为止。坚持几分钟后,再慢慢加大角度,以出现股四头肌轻微的抖动为极限。运动时可佩戴护膝。

（4）肘关节损伤的预防措施。可采用俯卧静立支撑锻炼方法加强该部位力量。练习时肘部稍弯,做出俯卧撑的姿势,并保持这个姿势直到双手支撑不住为止。运动时使用护肘或弹性细带来防护,击球时肘部不要过直。

（5）踝关节损伤的预防

1）运动前注意热身,注意运动鞋要松紧适度（不能太松）,鞋底软硬适中（既有很好的缓冲作用,也不影响快速移动）。

2）运动中注意避免足部过度疲劳。

3）尽量少腾空跳起。

4）加强踝关节周围肌肉的力量练习,如负重提踵、足尖走、足尖跳。

5）必要时使用护踝或弹性绷带来防护。

（6）腰肌扭伤的预防

1）做好准备活动:充分扭动腰部,使腰部肌肉的力量和协调性得到提高。

2）注意力要集中,扣杀时肌肉不要完全放松,保持一定的紧张度。

3）掌握正确的技术动作。

4）加强腰部肌肉力量和伸展性的锻炼,同时还要加强腹肌练习。这些肌肉的增强,可避免本身的损伤,还可保护脊柱,避免脊柱及韧带的损伤。

3.一般处理

（1）当运动中出现任何一种损伤时,应立即停止运动。

（2）当出现一般的肌肉拉伤时,应立即对损伤的部位,进行冷敷或用冷水冲洗,切忌立即按摩或热敷。24~48小时后,可进行热敷、按摩或外敷药膏。

（3）羽毛球运动中,严重受伤较少出现,但如果出现跟腱断裂、骨折等严重情况,应立即送医院治疗。

第三节 羽毛球运动场地与器材

一、场地、球网与网柱

(一)场地

羽毛球场地呈长方形,长度为 13.4 米,双打场地宽为 6.1 米,单打场地宽为 5.18 米,如图 1-4 所示。

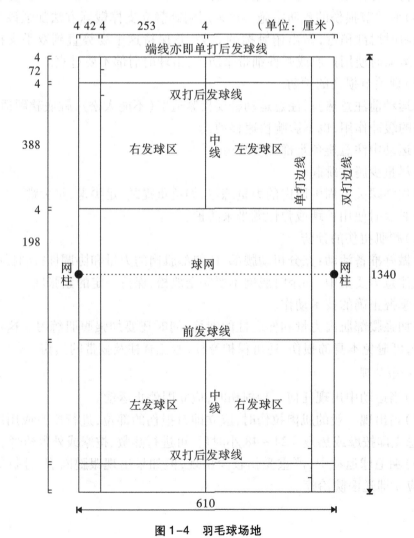

图 1-4 羽毛球场地

用白色或黄色画线,中线宽 4 厘米,平均画在左、右发球区;前后发球线宽 4 厘米,画在发球区长度 396 厘米以内;所有其他边线的宽度为 4 厘米,一律画在规定的场地面积以内。测试正常球速区域的 4 个 4 厘米×4 厘米的标记应画在双方单打右发球区边线内沿,距离端线外沿 53 ~ 57 厘米,以及 95 ~ 99 厘米。

按国际比赛(国际羽联)规定,整个球场上空高度不得低于 9 米,在此高度之内不得有任何横梁或其他障碍物,球场四周 2 米以内不得有任何障碍物。任何并列的两个球场之间,最少应有 2 米的距离。球场四周的墙壁最好为深色,不能有风。国际重大比赛必须严格按上述规定执行。一般比赛,如场地条件不完全符合标准时,经有关部门批准可以改变。

(二)球网

羽毛球网长度与双打场地宽度一致,即长 610 厘米、宽 76 厘米,用优质深色的天然或人造纤维制成,网孔大小在 15 ~ 20 毫米之间,网的上缘应缝有一道宽 75 毫米的对折白布边,用绳索或钢丝绳穿起来,适当拉紧,使之和网柱顶端取平。

(三)网柱及网高

从球场地面起算,网柱高 1.55 米,即两端网高为 1.55 米。网柱应放置在双打球场的边线上,球网中部上沿离地面高 1.524 米。如不能设置网柱,则必须采用其他办法标志出边线通过网下的位置。

二、器材

(一)羽毛球

羽毛球由球毛和球托两部分组成,可采用天然材料或人造材料或两者混合制成。羽毛球应用 16 根羽毛插在半球形的软木球托上。软木托直径为 25 ~ 28 毫米,托底为圆形,包有一层白色薄皮革或类似材料制成的皮。羽毛从托而至羽毛尖长 62 ~ 70 毫米。羽毛上端围成圆形,直径为 58 ~ 68 毫米。在球托上 1.25 厘米和 2.5 厘米处,用线或其他材料将羽毛扎牢,一般比赛也可用泡沫头制成的球或尼龙球。球的重量应为 4.74 ~ 5.50 克,如图 1-5 所示。

图 1-5 羽毛球

1.羽毛球球毛

优质的羽毛球用毛必须采用鹅刀毛,如果采用的是鸭刀毛或其他的毛片,它的品质就很难保证。

球毛的分类非常复杂,由于目前还没有国家统一制定的分类编号标准,各个生产厂家生产的羽毛球的标号都是自定的,不同厂家如果有同样标号的产品并不能表示它们的品质是一样的。在同一只羽毛球上采用的 16 根羽毛必须是同一类而且要尽量相似,越是高档的产品所用的 16 根毛片越要一致,才能保证产品的飞行品质。

2.羽毛球球托

按照所用的材料分类常见的有:硬质塑料、泡沫塑料、软木这 3 种,前 2 种主要用于低档的娱乐性用羽毛球,成本较低、性能较差。中高档的羽毛球都是采用天然软木质的球托,而软木球托又大致分为 3 类:整体软木球托、复合软木球托、再生软木球托。

可以看出,最好的球托当然是采用整体天然软木;采用复合方式的球托,成本较低也不太容易断裂,但是如果击球的力量较大容易将下部的再生软木部分打散,从而影响击球的性能;而再生软木球托成本较低,其飞行和击打性能比采用非软木材料的球托要好,虽然它的耐打性较差却能满足特定用户的需求。

3.羽毛球飞行速度

当运动员从端线用低手充分向前上方击球与边线平行,球能落到另一端线内 53～99 厘米,则应认为此球的飞行速度正常。

在一般业余比赛或非正式比赛中,当球过轻或过重、球速过慢或过快时,经过主办单位同意,可采用如下措施,使球的飞行速度变为正常:当球过轻、球速过慢时,可在球托内中间位置加 1～2 个小钉子,以增加球托重量,使球速变快;也可向内翻折羽毛,缩小羽毛的口径,以增快球速,当球过重、球速过快时,可在球托中间挖去一部分软木,以减轻球托重量,使球速减慢;也可向外翻折羽毛,增大羽毛的口径,以减慢球速。

羽毛球有比赛用球和训练用球之分,都是室内用球。比赛用的高级羽毛球大部分是用鹅毛制成,训练用的中、低级羽毛球大部分是用鸭毛制成。室外训练有时也用室内球,但用泡沫头球及塑料球较合适。

我国是羽毛球生产大国,品牌甚多,有些是属全国比赛用球,质量均属上等,可根据经济条件和训练环境加以选择。

(二)球拍

(1)球拍长度不得超过 68 厘米,宽度不得超过 23 厘米,由拍柄、拍杆、连接喉、拍头和拍弦面组成(图 1-6)。

1）拍柄是击球者通常握拍的部分。

2）拍杆是通过连接喉连接拍柄和拍头。

3）连接喉是连接拍杆和拍头的部件。

4）拍头呈椭圆形,长度为 28 厘米,界定拍弦面面的范围。

5）拍弦面是击球者通常用于击球的部分。

6）球拍不允许有附加物和突出部,除非是为了防止磨损、断裂、震动或者调整重心的附加物,或者预防球拍脱手而将拍柄系在手上的绳索,但其尺寸和位置必须在合理范围。

（2）拍弦面:拍弦面长度不得超过 280 毫米,宽度不得超过 220 毫米。拍弦可延伸进连接喉区域,伸入拍弦区域的宽不得超过 35 毫米,包括拍弦伸入区在内的拍弦面总长不得超过 330 毫米。

图 1-6　羽毛球拍

球拍不允许有附加物和突出部。不允许改变球拍的规定式样。球拍重在 78～120 克之间(不包括弦的重量)。随着科学技术的发展,球拍的发展向着重量越来越轻、拍框越来越硬、拍杆弹性越来越好的方向发展。

工欲善其事,必先利其器。要想从事羽毛球运动,首先要有一支称心、适用、弹性好、轻重适宜的好球拍。目前市场上能购得的上弦的球拍,一般都是中低档的,上弦不紧、球弦弹性质量差,致使球拍的弹性也较差,影响球的飞行速度和远度。因此,自己学会选拍、上拍弦,以及修补球拍的断弦,不仅省时省钱,更重要的是更为称心适用。

下面,对选拍、选拍弦做简单的介绍。

1.球拍的选购

目前,我国市场上出售的羽毛球拍式样繁多,可归纳为以下 4 种类型。

第一种是全碳素外加钛、纳米成分体成型羽毛球拍,目前世界级选手及经济条件许可的爱好者都使用这种类型的球拍,如现在多个国家队使用的日产 YONEX 球拍,中国的李宁球拍,以及威克多、凯胜、波力、佛雷斯、富利特、伟士等球拍。

第二种是中档的碳素杆,拍框为铝合金。

第三种是钢杆铝合金拍,为中低档球拍。

第四种是钢杆木框羽毛球拍和木制羽毛球拍。

在挑选球拍时,应根据个人的经济条件和爱好选购不同档次和型号的拍子,无须追求世界名牌产品。一般来讲,全碳素外加钛、纳米成分一体成型的羽毛球拍,其性能差距不大,都较轻,弹性好,牢固性也好,可是价格差别很大。有一定技术水平的选手或爱好者,如属攻击型者,使用的球拍可略重一些,以增加攻击威力;如属守中反攻或防守型者,球拍可选略轻些的,以利于更灵活地挥拍防守。儿童一般以选用特制的儿童羽毛球拍为宜,其拍柄较细,以利握拍。

在选球拍时还要注意球拍的弹性,主要是看拍杆在掰动时是否有一点儿弯度,几乎没有弯度的拍子弹性差,不好用。由三通连接的球拍,如碳素杆加铝合金框,其连接处较易断裂或脱胶,因此,选拍时应仔细检查:将球拍框轻微扭动下,有响声或松动的不宜选用。

2. 球弦的选购

一只球拍的性能如何,除了材料和制作工艺,与羽毛球弦也有很大关系,也就是说材料、工艺、弦决定了一只球拍的性能。好的羽毛球弦一般弹性和手感较好,耐打性并不好,贵的羽毛球弦更适合在比赛时使用。目前,市场上比较高级的羽毛球拍,一般都没有上拍弦,而是让人们根据自己的情况来配制适宜的弦并控制上弦的松紧度。

羽毛球拍弦种类很多,主要有化纤弦、羊肠弦、尼龙弦、牛筋弦等。

(1)化纤弦是最常使用的高档弦,是目前正式比赛专业选手所选用的拍弦。它吸取了上述弦的长处,避免了各自的短处,具有既牢固可靠,又弹性佳的特点。但是这种弦制作工艺复杂,价格昂贵。

(2)羊肠弦弹性较好,但易断,易磨损。

(3)尼龙弦弹性稍差,易随气候变化而热胀冷缩,冬天发脆易断,但价格最便宜。

(4)牛筋弦较结实,价格也低,但弹性差。

穿弦时要注意弦的磅数(张力),原则上不超过球拍上标注的最大张力。一般力量小的拉低点的磅数(20~23磅),力量大的拉高点的磅数(24~26磅)。磅数低的省力、控球好,但杀伤力弱,磅数高的速度快,但费力不易控制。如果力气小的打高磅拍,则打不远;力量大的打低磅拍,则发挥不了自己的力量进攻优势。另外磅数太高了容易断弦,对球拍也会产生不同程度损伤。同时对穿弦的人的技术要求也是很高的,如果在穿弦的过程中划伤拍弦,会使羽弦在使用时容易断裂,特别是在拍框附近断裂的有很大可能是穿弦时受到损伤。

要注意的是,羽毛球弦使用时间长了,它的磅数、性能会降低,有条件的需要适时更换。弦打断后最好换新弦,修补的弦张力不均匀影响性能。弦打断后应立即剪掉,以防止张力不均引起球拍变形、断裂。

3. 甜点、甜区

拍头横弦与竖弦的中央交叉点,称做甜点,所谓甜区就是球拍面的最佳击球区,甜点亦即甜区的中央点,球与拍面的接触应在甜区。当击球点在甜区时能给你最佳的控球性和足够的击球威力,震动感很小,手感舒适。甜区的大小与拍框形状有关,方形ISO设计的拍框比传统蛋形拍框的甜区要大出了32%,而采用 ISO-MF 设计的球拍的甜区又比普通 ISO 要大一些,当然并不是拍头越大就越好,拍头的加大会带来扭力和重量方面的负面影响。

【回顾练习】

    1.羽毛球运动中常见的运动损伤有哪些? 如何预防?

    2.影响击球质量的基本因素有哪些?

    3.羽毛球运动的生理特征有哪些?

    4.如何选购适合自己的球拍?

【知识拓展】

羽毛球拍保养的七大要素

    羽毛球拍怎么保养呢? 羽毛球拍保养又需要注意哪些地方呢? 羽毛球拍长期闲置时的正确保存姿势是悬挂放置,注意保持球拍受力均匀,切勿受挤受压,以免球拍变形。最好能剪掉羽弦,以免球拍变形。另外也不要存放在过热或者过冷,甚至是高温的地方,总而言之,羽毛球拍的保养要注意以下这 7 个要素。

羽毛球拍保养的七大要素之一:避免碰撞

    羽毛球拍是由碳素材料制作的,是很脆的,在打羽毛球途中,特别是双打的环境下是很容易碰撞到的,当时看起来没有什么大问题,但已经有隐性的伤害了,在下一次冲击下很容易就出现问题。尽量使每个球都打在甜区里,如果打在拍框上,可能由于用力过猛而出现裂痕。

羽毛球拍保养的七大要素之二:受力均匀

    主要是两点,一是羽毛球空闲时,放置的位置的讲究,上面不能放东西压着,最好是空悬在空中;二是要经常检查羽线,如果出现有起毛或者裂痕,最好马上剪断,换一根新的线,因为,出现这种现象容易引起球拍的受力不均而变形。

羽毛球拍保养的七大要素之三:4 点穿线法

    羽毛球拍穿线法分 2 点穿线沙法和 4 点穿线法,一线穿到底的穿线法属于 2 点穿法,是一种常见的穿线法,中途要用勾子,很容易划住线,降低线的使用寿命,而且还容易掉磅和走线。4 点穿线是从顶的中部穿起,有 4 个结,由于不用勾子,线的寿命也会延长,还不会走线和掉磅。穿线最好还是要到正宗的店铺里去穿,不要小看穿线的技术活,它对我们的羽毛球拍的寿命是有好处的,使用起来的感觉也是不一样的。

羽毛球拍保养的七大要素之四：通风干燥

羽毛球拍最好不要放在过热、过冷、潮湿地方，过热很容易变形，过冷由于羽毛球拍很脆容易断裂。天气太热的时候，不要放在暖气片上，太冷的时候不要在室外打球。另外打完球后要晾干球拍，减少细菌滋生。每次打完球后，最好将羽毛球拍放在通风处晾干，这样可以让球拍手柄上的汗液等自然风干，不容易滋生细菌，而且可以保持木质手柄不松散。切忌每次打球结束就立即将球拍放入拍袋中。

羽毛球拍保养的七大要素之五：勤换手胶

保持清洁手胶是羽毛球拍中更换频率最高的消耗品了，特别是汗水浸透的夏季时候。手胶更是需要及时更换了。这样不但可以保持握拍时的正确手感，还可以防止球拍滑落导致碰伤。

羽毛球拍保养的七大要素之六：注意打球姿势

避免断拍要调整击球的姿势，尽量使每球都打在球拍的甜区里，如果球打在拍框上，加上挥拍力量大，也很容易被打断的。

羽毛球拍保养的七大要素之七：观察羽弦

预防断线注意经常检查羽毛球拍羽弦，如有严重起毛现象或裂痕则及时更换，不要等羽线断了才更换，如果线断了，最好马上要把线剪断，以免球拍拍框受力不均而变形。但是线不要立即抽出来，防止扣眼上的塑料丢失。

做到以上保养羽毛球拍的七大要素，你的羽毛球拍寿命将会大大提高，打个两三年还是没有问题的。

羽毛球运动基本技术训练

【思政要点】

弘扬社会主义核心价值观,以人为本,充分体现习近平新时代中国特色社会主义思想,贯彻党的二十大新发展理念,立足本国,把握正确的价值观和世界观,充分认识和明晰体育功能。

【学习任务】

羽毛球运动基本技术训练包括握拍与挥拍练习、单项技术击球练习、综合技术击球练习和常见的练习方法四大类。单项击球练习是综合击球练习的基础,因此本章重点详细地介绍单项击球练习的技术要领,重点学习各单项基础技术,进而学习双打技术的练习方法以及综合技术击球练习法。

【学习目标】

1. 掌握羽毛球运动的握拍和挥拍练习方法。
2. 基本掌握羽毛球基础技术的动作结构和练习方法。
3. 能够较为熟练地进行相关技术动作的练习和使用。

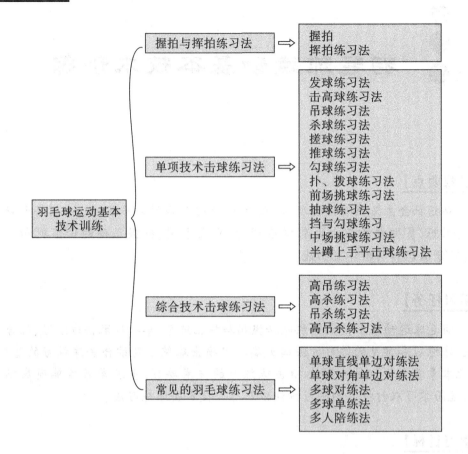

第一节　握拍与挥拍练习法

一、握拍

　　握拍是指运动员手握拍柄的方法。在羽毛球的各项基本技术中,握拍是最简单的一项技术,看起来好像很容易,随意抓起来就能挥动。但是要想打得轻松顺手并不是一件轻而易举的事,需要好好学习和掌握这项最基本技术,从中找到适合自己的握拍方法,并加以大量练习。羽毛球握拍方法正确与否,直接影响击球的准确性,从而影响羽毛球技术水平的提高。所以初学者首先应该认真学习正确的握拍方法。羽毛球技术中的握拍和指法是多种多样的,但是最基本的握拍方法有两种,即正手握拍和反手握拍(图2-1)。

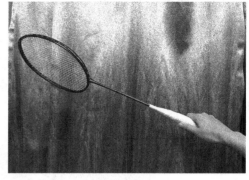

（a）正手握拍　　　　　　　　　　（b）反手握拍

图2-1　正手、反手握拍法

（一）正手握拍技术

以下介绍（如未做具体说明）均以右手握拍者为例，左手持拍者则反之。正手握拍法在一切身体右侧的正手正拍面击球及头顶后场击球中使用。

（1）先由左手持拍，握住球拍的中杠部位，使拍框垂直于地面。

（2）右手虎口对准拍柄窄面内侧斜棱上的第二条棱线（此时眼睛从左至右可同时看见4条棱线），拇指和食指呈"V"字形，相对贴握在拍柄两侧的宽面上，中指、无名指和小指并拢弯曲，自然握住拍柄，可以想象握手是什么样的，正手握拍法与其很相似，如图2-2所示。

图2-2　正手握拍法

（3）握拍时掌心不要贴紧拍柄，应与拍柄保持一定的空隙。以保证手在握拍时处于放松状态。拍柄末端与手掌小鱼际外缘齐平。

（4）握拍力度要不大不小，有点儿像手握着一个鸡蛋的感觉，不能让它破损，也不能让它滑落，控制在这样的力度上；或者像手里拿着一只小鸟，既不能让鸟飞走，又要有适度的空间不可把鸟捏死。

（5）正手握拍：未击球时，手要松握球拍，处于放松状态，在击球的瞬间再握紧球拍猛力挥拍。

(二)反手握拍技术

反手握拍法用于一切在身体左侧的反手拍面击球。

(1)先以正手握拍法轻握球拍,然后大拇指和食指稍向上提,通过这两指的配合将球拍柄稍向外旋,拇指贴在拍柄第一斜棱旁的小窄面上,食指稍向下靠,如图2-3所示。

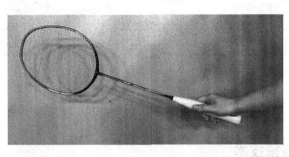

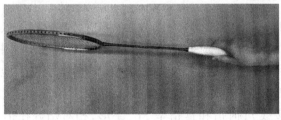

图2-3 反手握拍法

(2)击球时,中指、无名指、小拇指紧握拍柄,同时增加大拇指的力度,控制好球拍的方向,用力前顶击球。

(3)握拍掌心与拍柄间要留有充分的空隙,这样有利于手腕力量和手指力量的灵活运用。另外要注意的是,掌心与拍柄间的空隙要比正手握拍法时略大,如图2-4所示。

初学者常见的握拍错误如下。

(1)虎口位置不对,虎口对在第一、第三或第四条斜棱上或者拍柄宽面上,如图2-5所示。

图2-4 握拍掌心与拍柄距离

羽毛球运动

图 2-5　虎口位置不对

（2）握拍力度过大，握拍太紧，掌心与拍柄间没有空隙，如同攥着拳头。手腕肌肉过于紧张容易疲劳，也不利于击球时发力，如图 2-6(a)所示。

（3）手指放置的位置不对，食指按在拍柄宽面的上部，而仅用其余四指攥住球拍，如图 2-6(b)所示。

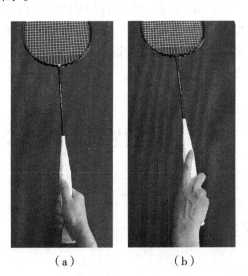

（a）　　　　　　　（b）

图 2-6　握拍错误姿势或手势

　　正手握拍法和反手握拍法是羽毛球握拍法中最基本的两种，初学者应该熟练掌握。在实际的训练和比赛中，击球线路和方法千变万化，对应的握拍法也不能保持一成不变，要随其不断地做调整。不论用哪种握拍方法，最基本的要求是能够充分发挥手腕、手指的爆发力，使手腕灵活转动，从而灵活调整拍面朝向，以便打出各种球路和落点的变化无穷的球。它们共同的技术关键是，一要放松,二要灵活。未击球时,手部肌肉不要过于紧张,保持适当放松,保证手指的灵活。食指与中指间有一定的距离,手心不要靠在拍柄上,手心与虎口间应保持一定的空隙。只有在用力击球的瞬间,才握紧拍柄,以免球拍脱手。击完一次球后,就应恢复到正手握拍法,对下次的击球线路做出判断,并决定用哪种握拍法击球,同时调整为相应的握拍法。

按照握拍要领,先按正手握拍法握住球拍,如有错误,要及时改正;然后改为反手握拍,这样交替进行。在握拍练习中,一定要结合挥拍的练习,如正手握拍时要结合正手高球挥拍练习,挥拍后立即检查是否正确地按要领握拍,这样反复进行,不断巩固。

握拍练习要以正手握拍法为主,然后,转为反手握拍法,再转为正手握拍法,以及由正手握拍法转为特殊握拍法。如此反复进行,不断巩固,最终形成灵活的握拍法。

二、挥拍练习法

挥拍练习,首先要花大力气进行正手高球的挥拍练习,先做分解的挥拍练习,再做连贯的慢速挥拍练习,待较熟练掌握挥拍动作要领之后,再进行快速挥拍练习,紧接着进行悬球挥拍练习。在进行挥拍练习时,最好能对着镜子练,或两人对练,这样既可相互观摩,纠正错误动作,也可拿网球拍、壁球拍或小哑铃进行负重挥拍练习,这样既可以在负重情况下练习正确的挥拍动作,又能增强手腕、手臂的力量。

第二节 单项技术击球练习法

一、发球练习法

1.发高远球练习法

这是初学者首先要接触的练习法,因为只有学会发高远球,才能打好高远球。发高远球必须按动作要领进行练习,使球能发得又高(能垂直落下)又远(落在对方底线附近)。同时,还要学习控制发球落点,并做到得心应手。

2.发平高球、平射球练习法

练习发平高球、平射球时,要注意弧度与落点是否符合技术要求,而且要使发球的前期引拍挥拍动作与发高远球动作基本一致,仅在击球瞬间有所变化。

3.发网前球练习法

练习发网前球时,要根据单、双打比赛的需要,选择好站位。单打比赛时,发网前球的站位应与发高远球、平高球、平射球相同;双打比赛时,一般应站前一些,或根据战术的需要站位,拉开至边线或离中线的适当距离。发出的球要符合发网前球的技术要求,练习时可安排一人进行接发球,以提高实战性。

以上几种发球练习法,可采用单人多球练习法或双人对练练习法。总之,通过练习提高发球的质量,达到战术要求。

二、击高球练习法

击高球包括击高远球、平高球、平射球,通过这种练习可以巩固击这些球的手法,达到能把球回击出预期的弧度、速度和达到预期的落点。

1.初级的悬球击球练习法

用一细绳将球悬挂在适合于每个人击到高球的位置上(高度应根据个人的身高、臂长而定),反复练习击高球动作,检查挥拍动作、击球点、接触面是否按照击高远球技术要求来完成,这是初学者所采取的练习法。

2.“喂球”练习法

由教练员发高球或击高球给练习者,球落到一定高度时,教练员发出“打”的信号,要求练习者挥拍击球,以提高练习者的空中击球感觉,准确把握击球点。这种练习因教练员喂球时球的弧度较高,有利于初学者挥拍动作的完成,而且球的落点能较固定,不会忽左忽右忽高忽低,有利于初学者更快形成正确的击球动作和动力定型。如果一开始就做对打练习,因为每次来球的高度、位置、速度不一样,练习者为了击球就会乱跑、乱挥、乱打,必然会形成许多错误动作,形成了错误的动力定型,以后再改正就困难了。

3.中级的原地对打练习法

两人站在各自场区的底线附近,进行对打高远球的练习。先练直线对打高远球,再练平高球、平射球,然后再进行对角线对打高远球、平高球、平射球的练习(图2-7、图2-8)。

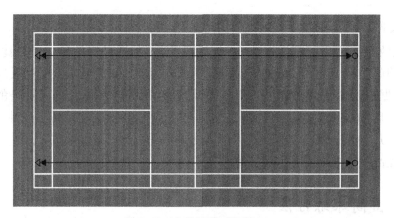

图2-7　直线原地对打练习

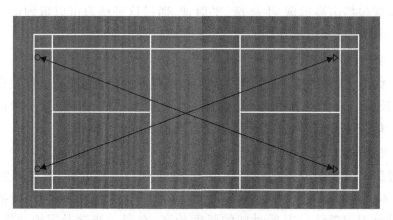

图2-8　斜线原地对打练习

4.移动对打高远球练习法

（1）一人固定、一人移动的练习法：一人在底线固定击高球，另一人前后移动回击高球（图2-9、图2-10）。另一边也同样。

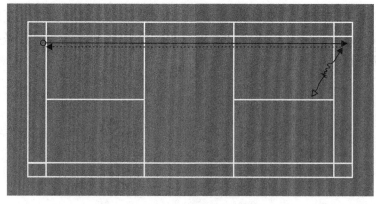

图2-9　移动直线对打练习

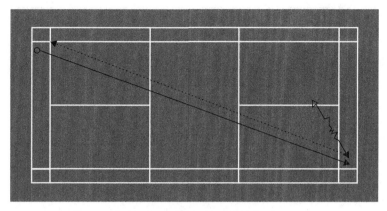

图2-10 移动斜线对打练习

（2）一点打一点前后移动击高球练习法：双方在击完球之后均应回到中心位置，然后再退至底线，回击对方打来的高球，反复练习（图2-11）。这种练习能提高起动、回动能力和击高远球的能力。

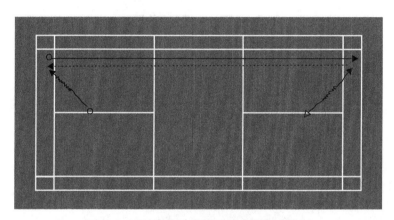

图2-11 一点打一点前后移动击高球练习

（3）一点打两点移动练习法：乙（教练员、同伴或陪练者，下同）固定在左后场区，回击甲（练习者，下同）打过来的高球，可随意回击直线球或对角线球，甲则应移动将球以直线或对角的方式固定回击到乙的左后场区。反复练习，以提高回击直线和对角线的能力，甲提高移动到位击球和起动、回动能力（图2-12）。

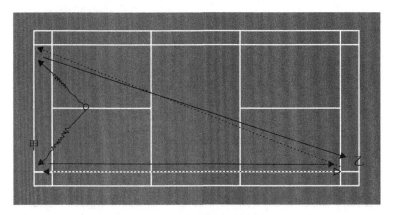

图2-12 一点打两点移动练习

（4）两点打两点练习法：甲乙二人对打两边底线球，并应积极回中心（图2-13）。此种练习能提高移动到位并控制回击直线、对角高球的能力，是业余运动员和高水平运动员均可采用的一种练习手段。

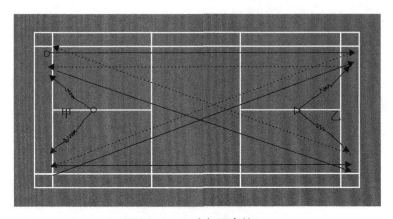

图2-13 两点打两点练习

三、吊球练习法

1.定点吊直线练习法

甲站在后场，将球吊至乙的场区网前，乙再将挑回甲所站的位置，反复练习（图2-14）。

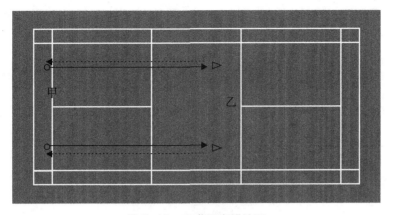

图2-14　定点吊直线练习

2.定点吊对角线练习法

甲站在后场,将球吊至乙的场区网前,乙再将球挑回甲所站的位置,反复练习(图2-15)。

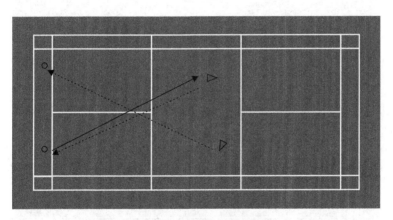

图2-15　定点吊对角线练习

3.前后移动一点吊一点练习法

甲由后场区吊对角(直线)后回动至中心位置,然后重新退至后场进行吊球练习。乙挑球后退回中心位置,然后重新上网挑球(图2-16)。

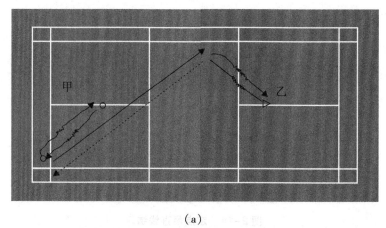

（a）

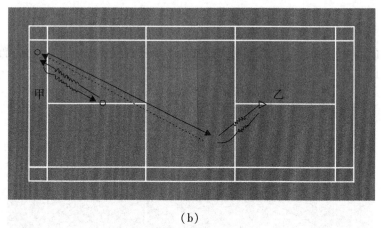

（b）

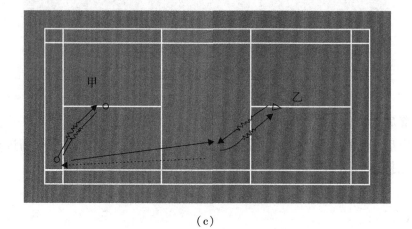

（c）

图 2-16　前后移动一点吊一点练习

4. 前后移动两点吊一点练习法

甲先后在后场两个点上将球吊至乙的网前某个点上（可在右前场区也可在左前场区），乙在网前的一个点上先后将球挑至甲的后场两个点上，反复练习，双方均做前后移动（图2-17）。

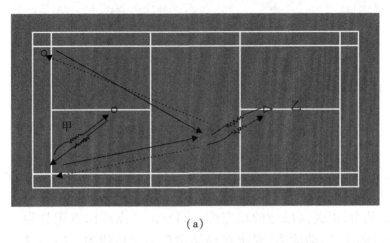

（a）

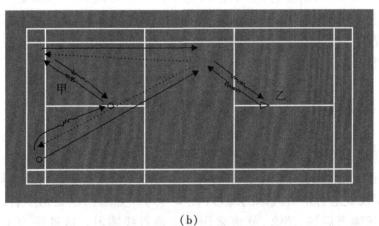

（b）

图2-17　前后移动两点吊一点练习

5. 前后移动两点吊两点练习法

甲先后在后场两点将球吊至乙的网前。乙前后移动，将两个点的球挑至甲的后场两个点上，反复练习（图2-18）

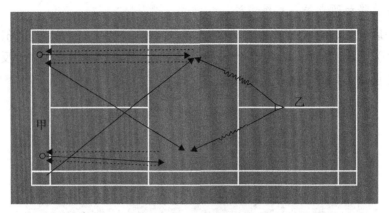

图 2-18   前后移动两点吊两点练习

　　以上吊球的路线练习,一种是以练手法和练感觉为要求,一般是计时间;另一种是以练稳定性为要求,可以计次数,例如以连续吊成功 50 次或 100 次为一组,连续吊几组,以提高吊球的稳定性。两点吊一点或两点则是为了提高运动员吊球时的起动、回动能力,要求在移动中提高吊球能力。吊球是一项很重要的进攻性技术,熟练地掌握并结合一致性手法,可收到和杀球一样的得分效果。在一般情况下,吊球是作为一项调动对方位置的进攻性技术,因而在比赛中占了很大比例。

四、杀球练习法

1. 定点杀直线球练习法

　　甲站在后场,将来球杀至乙的场区。乙的水平较高时,可直接将球挑至甲的后场,让甲反复进行杀直线球的练习(图 2-19)。如果乙也是初学者,他无法将杀过来的球挑至后场,那么,就可采用定点杀直线练习。这种练习主要是让初学者提高手腕闪动压击球的感觉,以及手臂挥拍和拍面正面击球的正确感觉,形成正确的杀球技术,这是初学者很重要的一项练习法。

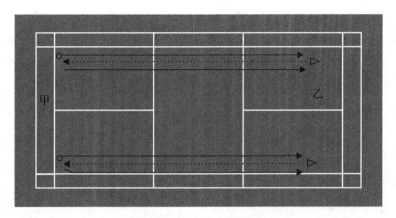

图2-19　定点杀直线球练习

2. 定点杀对角线练习法

练习方法与杀直线球相同，但要求杀对角线球，让甲找到杀对角线球时手臂的挥动、手腕的闪动和拍面击球时的击球点的正确感觉（图2-20）。

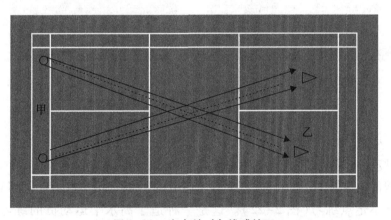

图2-20　定点杀对角线球练习

3. 定点杀球上网练习法

甲杀直线（对角）球后上网，将乙回击过来的网前球回击到乙的网前，乙再把球挑至甲的后场，甲从前场再退至后场进行杀球，反复练习（图2-21）。

这是一种杀球技术与上网步法结合的最初级练习法。杀球者的上网步法基本是前后直线（对角线）移动的方式，而防守者的步法呈三角形的移动方式，如图2-21（b）所示。在头顶区开始杀球也一样。

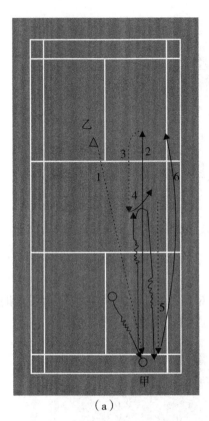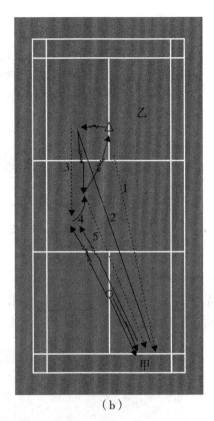

（a）　　　　　　　　　　（b）

图 2-21　定点杀球上网

4.不定点杀球上网练习法

甲对乙回击过来的高球可用正手杀直线（对角）球或头顶杀直线（对角）球，然后上网回击网前球；乙挑直线（对角）到甲的后场正手（头顶）区,甲退至后场重新进行不定点练习(图 2-22)。这是一种适于高水平运动员的练习,能有效提高迅速上网高点击球与快速后退杀球的能力。

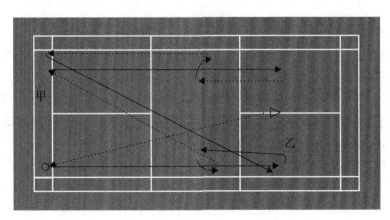

（a）

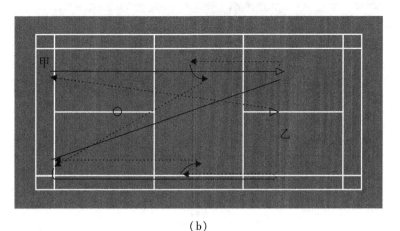

（b）

图2-22　不定点杀球上网练习

五、搓球练习法

1.定点不移动搓球练习法

定点不移动搓球练习法是一种多球的练习法，也是练习手感的方法。甲可站在网前，对乙抛过来的网前球用正搓、反搓技术搓过网（图2-23）。

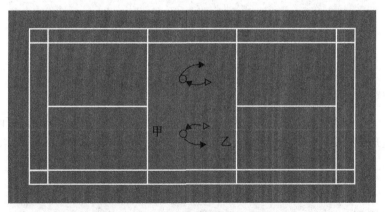

图2-23　定点不移动搓球练习

2.定点移动搓球练习法

定点移动搓球练习法是一种与定点不移动搓球练习类似的练习法，只不过加上了从中心上网搓球后回动至中心，再重复上网搓球练习（图2-24）。

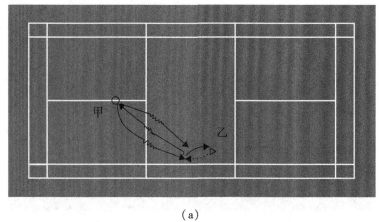

（a）

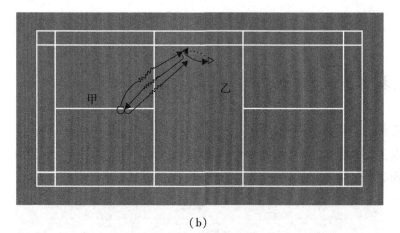

（b）

图2-24　定点移动搓球练习

3. 不定点移动搓球练习法

乙站于网前中心处，将球向网前两边抛出，甲上网搓球后回动至中心，再反复上网搓球（图2-25）。

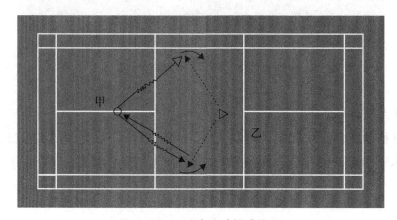

图2-25　不定点移动搓球练习

不定点移动搓球练习法是一种将手法与步法结合在一起的练习法,如抛球者抛球时间、弧度和距离合适,就可达到和实战一样的效果,是一种较好的练习法。

六、推球练习法

推球练习法与搓球练习法相同,首先采用定点不移动推球(图2-26),然后采用定点移动推球(图2-27),最后采用不定点移动推球练习(图2-28)。

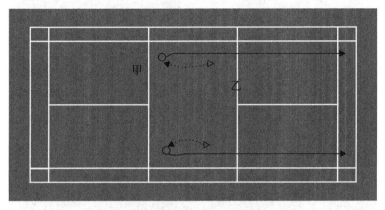

图2-26　定点不移动推球练习

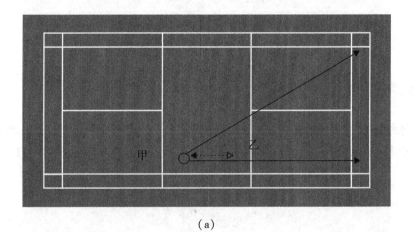

（a）

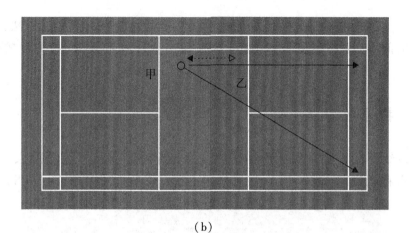

（b）

图2-27　定点移动推球练习

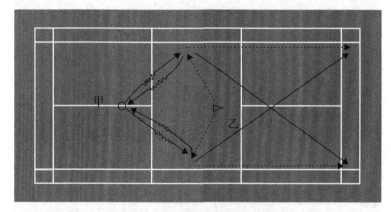

图2-28　不定点移动推球练习

七、勾球练习法

勾球练习法与搓球练习法相同,首先采用定点不移动勾球(图2-29),然后采用定点移动勾球(图2-30),最后采用不定点移动勾球练习(图2-31)。

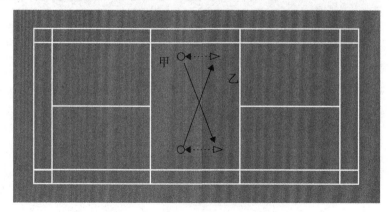

图2-29　定点不移动勾球练习

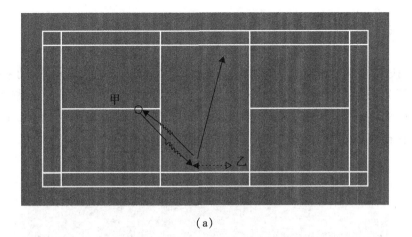

（a）

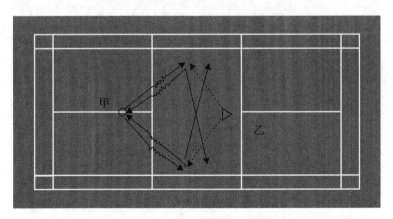

（b）

图 2-30　定点移动勾球练习

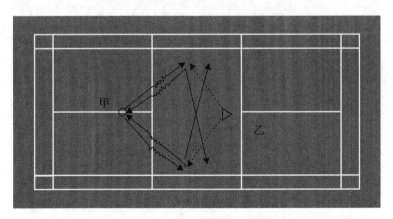

图 2-31　不定点移动勾球练习

八、扑、拨球练习法

扑、拨球练习法与搓球练习法相同，首先采用定点不移动扑、拨球（图2-32），然后采用定点移动扑、拨球（图2-33），最后采用不定点移动扑、拨球练习（图2-34）。但扑、拨球的移动都采用蹬跳步而应采用蹬跨步，采用蹬跳步才能在最高点出手扑、拨球，否则就只能用推球了。

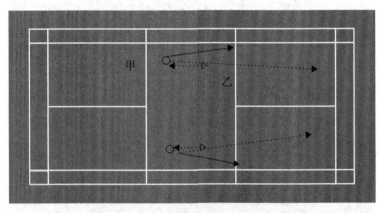

图2-32　定点不移动扑、拨球

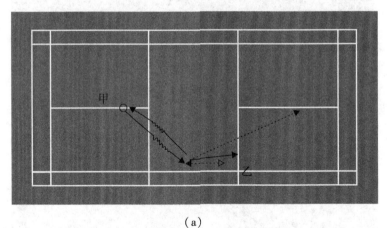

（a）

羽毛球运动

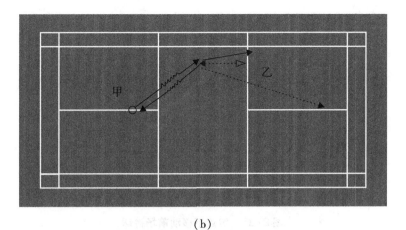

(b)

图2-33　定点移动扑、拨球练习

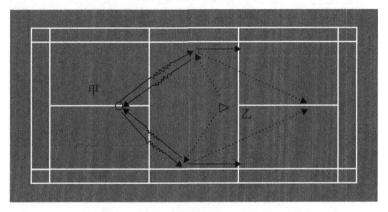

图2-34　不定点移动扑、拨球练习

九、前场挑球练习法

前场挑球练习法与搓球练习法相同,首先采用定点不移动前场挑球(图2-35),然后采用定点移动前场挑球(图2-36),最后采用不定点移动前场挑球练习(图2-37)。

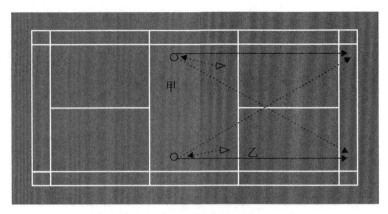

图2-35 定点不移动前场挑球

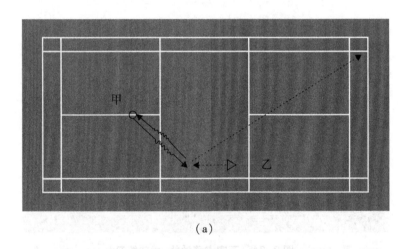

（a）

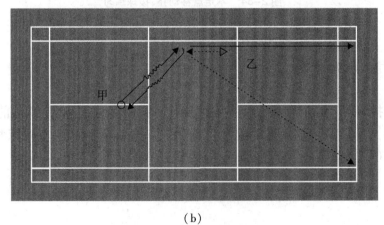

（b）

图2-36 定点移动前场挑球

羽毛球运动

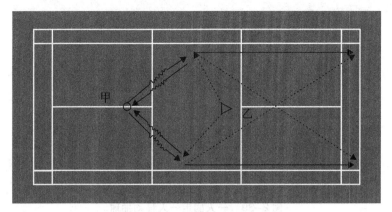

图2-37　不定点移动前场挑球

挑球练习时被动时的挑球手法,而搓、推、勾、扑、拨是主动技术,差别就在于挑球击球点在网的下半部,而搓、推、勾、扑、拨应在网的上半部,或更高的击球点。

十、抽球练习法

1. 固定单边抽球练习法

甲、乙二人都用抽球对抽,一边用正手抽,一边用反手抽,再互换(图2-38)。

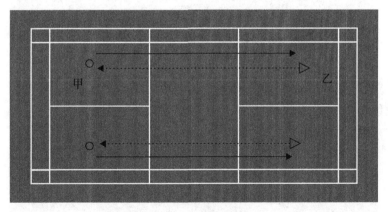

图2-38　固定单边抽球

2. 一人固定一人移动抽球练习法

甲可站在左或右边向乙的两边抽球,乙移动把两边的球抽至固定的一个点(图2-39)。

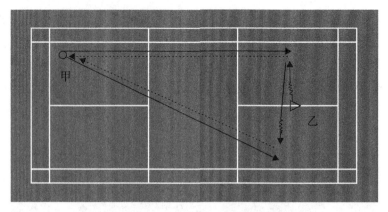

图2-39 一人固定一人移动抽球

3. 不固定的两边抽球练习法

甲乙双方均可抽直线或对角球（图2-40）。

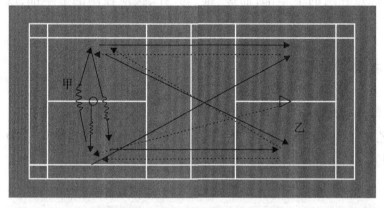

图2-40 不固定两边抽球

4. 多球杀球的抽球练习法

由教练员做多球杀球，甲做两边抽球练习（图2-41）。

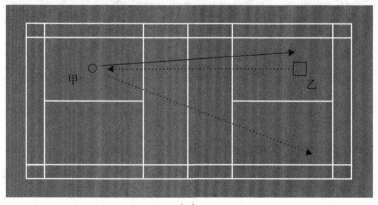

(a)

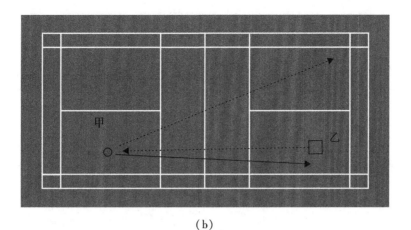

（b）

图 2-41　多球杀球练习

十一、挡与勾球练习

1. 固定单边挡与勾球练习法

教练员在场外采用发多球高球给乙，乙杀固定球路，如正手杀直线（对角）、头顶杀直线（对角），甲采用挡直线球、勾对角的球路，反复练习（图 2-42）。

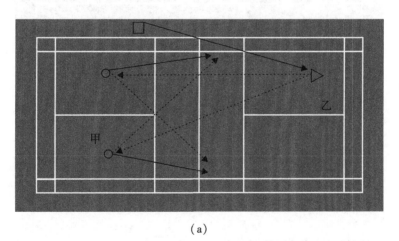

（a）

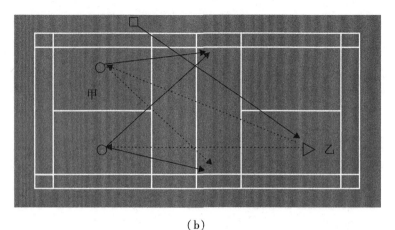

（b）

图2-42　固定单边挡与勾球练习

2.不固定单边挡与勾球练习法

乙从中路或单边杀两边线,甲根据来球的质量与难度练习回击挡直线或勾对角的球路(图2-43)。

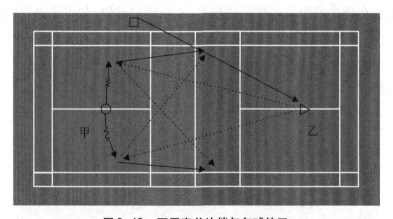

图2-43　不固定单边挡与勾球练习

十二、中场挑球练习法

1.单打中场挑球练习法

乙先采用固定的杀单边球,让甲采用挑直线或对角球到乙的两底线,反复练习(图2-44)。然后乙采用不固定的杀两边线球,让甲采用挑直线或对角球到乙的后场两边(图2-45)。

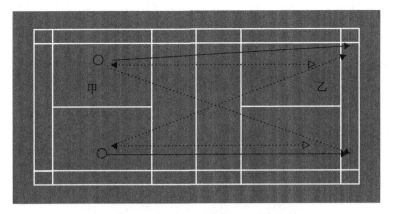

图2-44　固定单打中场挑球练习

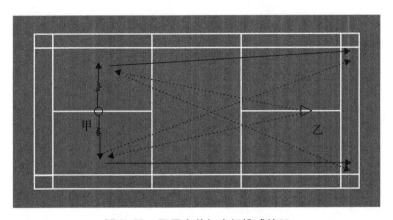

图2-45　不固定单打中场挑球练习

2. 双打中场挑球练习法

双打中场挑球是双打运动员很重要的一项防守技术,练习的目的是把对方杀过来的球能轻而易举地挑至底线两角。

可采用一攻一守、二攻一守、二攻二守、三攻一守、三攻二防守或多球杀守等防守练习法。

十三、半蹲上手平击球练习法

练习者可一对一采用半蹲上手平击球对打练习(图2-46)。也可采用一对二平击球对打练习(图2-47)。有了一定的能力之后,也可安排接杀,做半蹲上手平击球练习(图2-48)。

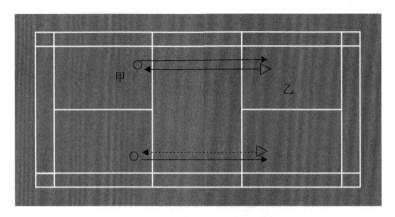

图 2-46　一对一上手平击球练习

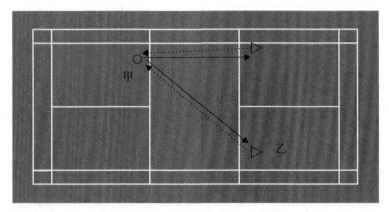

图 2-47　一对二上手平击球练习

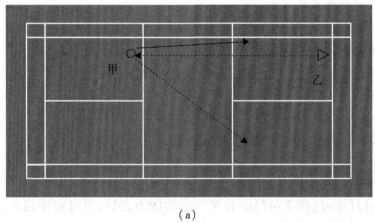

（a）

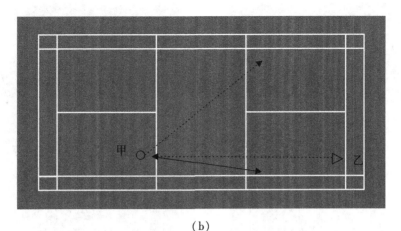

(b)

图2-48　接杀上手平击球练习

　　以上介绍的单个基本技术基础练习法,都是为过渡至中级、高级的综合练习打基础,必须正确、牢固和熟练地掌握。

第三节　综合技术击球练习法

一、高吊练习法

1. 固定球路高吊练习法

（1）直线高球对角吊练习法:在此练习中,甲乙双方可同时练习直线高球、对角吊球、上网放网和直线挑高球。乙由右场区发高球（图2-49）,甲回击直线高球;乙也回击一直线高球,甲吊一对角线球;乙方一直线前球,甲挑一直线高球;乙回击直线高球,甲再回击一直线高球;乙吊一对角线球,甲放一直线网前球;乙挑一直线高球,回复至开始,这样反复进行下去,可把这几项基本技术综合在一起练习。由于球路固定,失误会减少,是提高高吊球基本技术的一种方法。发球者也可从左边发球,顺序相同。

（2）对角高球直线吊球练习法:乙由右场区发高远球（图2-50）,甲回击对角高球;乙也回击一对角高球,甲吊一直线网前球;乙也放一直线网前球,甲挑一直线高球;乙回击一对角高球,甲再回击对角高球,乙吊一直线网前球,甲放一直线网前球;乙挑一直线高球,甲回击对角高球,回复至开始,反复进行。发球者也可从左边发球,顺序相同。

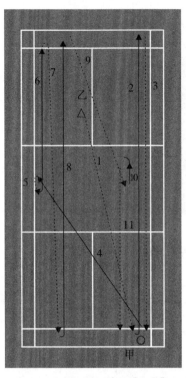

图2-49　直线高球对角吊练习

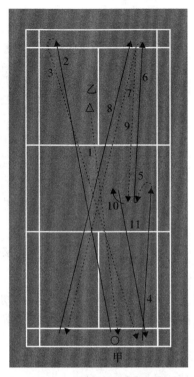

图2-50　对角高球直线吊球练习

（3）对角高球对角吊球练习法：乙从右场区发高远球（图2-51），甲回击对角高球；乙吊对角线球，甲挑直线高球；乙甲回击对角高球，甲吊对角线球；乙挑直线高球，反复进行。发球者也可从左边发球，顺序相同。

2. 不固定球路高吊练习法

不固定球路高吊练习法即"两点打四点"或"四点打两点"练习法，是一种综合高吊练习的高级阶段练习方法。练习者甲只是站在后场两边移动，采用高球或吊球控制练习者乙，而练习者乙只能回击到甲的后场两边。相对于练习者乙来说，是训练快速移动接高吊的能力；对两点打四点高吊的甲来说，则是练习高吊手法一致性的较好方法；对四点打两点接高吊的乙来说，则是练习控制全场能力的较好方法，可提高快速判断、控制对方两底线及全场的快速移动能力。

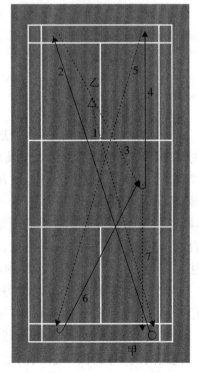

图2-51　对角高球对角吊球练习

二、高杀练习法

1. 固定球路高杀练习法

（1）直线高球对角杀练习法：练习者双方均可同时练习直线高球和对角杀球，以及挡球和挑球，具体球路与直线高球对角吊球一样（图2-52）。如发球者从左边发球，球路也一样。

（2）对角高球直线杀球练习：具体与对角高球直线吊球一样。

（3）对角高球对角杀球练习：具体与对角高球对角杀球一样。

2. 不固定球路高杀练习法

（1）高杀对接高杀练习：练习高杀者甲可任意打高球（平高球），一般不超过3拍，结合杀球。甲打高球，接高杀者乙也要还击高球；如甲打杀球，乙可挡直线或对角网前；甲可上网放网，接高杀者乙再挑至底线高球，反复练习。练习时，一方采用高杀进攻，一方接高杀全场防守，一段时间后交换练习。

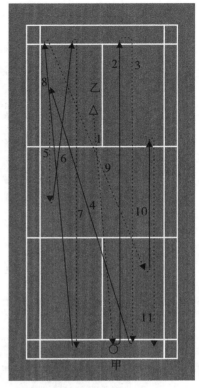

图2-52　直线高球对角杀练习

（2）高杀对高杀抢攻练习：双方均可采用高球或杀球练习。这是一种抢攻练习法，既练高杀技术也练抢攻意识。

三、吊杀练习法

1. 定点吊杀练习法

（1）吊直线杀对角练习法：发球者由右区发高球，练吊杀者先吊直线球，对方接吊挑直线球，练习者杀对角球。这种练习中，一方可练吊杀，另一方练接吊杀，练一段时间后交换，双方均可练到吊杀和接吊杀（图2-53）。

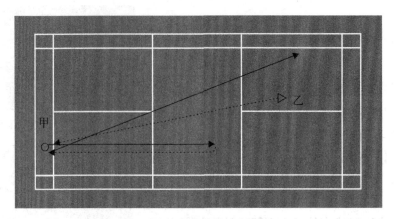

图 2-53 吊直线杀对角练习

（2）吊对角杀直线练习法（图 2-54）。

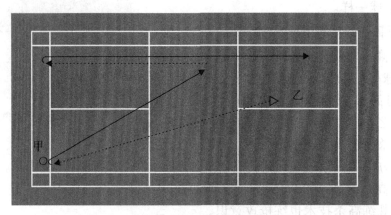

图 2-54 吊对角杀直线练习

（3）吊直线杀直线练习法（图 2-55）。

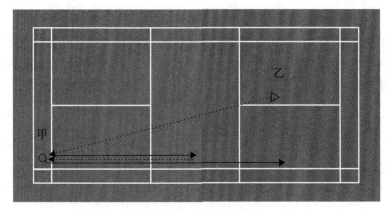

图 2-55 吊直线杀直线练习

（4）吊对角杀对角练习法（图2-56）。

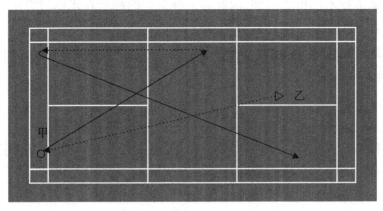

图2-56　吊对角杀对角练习

以上列举的均以挑球一方挑直线球为例，如果挑球方挑对角球，那么具体的固定球路又有不同。总之，固定球路可根据训练需要而设定，以上列举的只是其中的几种，可以变化。

2.不固定吊杀练习法

（1）吊杀对接吊杀练习法：练习吊杀者可任意吊或杀，如对方打吊球，接吊杀者要回击高球；如对方打杀球，可挡直线或勾对角线球。此时，练习者上网放网前球，接吊杀者再挑高球，反复练习。这种练习，一方是练习吊杀上网进攻，另一方是练习接吊接杀防守练习，一段时间后交换练习。

（2）吊杀对吊杀抢攻练习：双方均可采用吊球或杀球，这是一种抢攻的练习法，既练吊杀技术也练抢攻控网意识，是一种高水平运动员采用的进攻练习。

四、高吊杀练习法

采用高吊杀综合练习标志着已到较高水平的阶段，故不必采用固定球路的练习，一般采用不固定球路练习。在形式上可采用如下几种方法。

1.半边场地高吊杀综合练习法

半边场地高吊杀综合练习法即在半边场地上，进攻一方以高球（平高球）、吊球和杀球进攻对方，防守方以挡、挑、放网来防守，这样，一方练进攻技术另一方练防守技术。由于场地范围小，便于防守和进攻，所以初级者常采用这种练习方法。

2.全场高吊杀对接高吊杀练习法

一方练高吊杀，另一方练接高吊杀，难度和强度均较大。这种练习方法，基本接近实战。练习进攻时可用高球、平高球、吊球、劈球、杀球、抽球，在网前可用放网球、搓球、推球、勾球,而接高吊杀者可练习防守高球、挑球、挡球、勾球,这样全部基本技术都可练习到,因此是一种最好的综合技术练习方法。

3.高吊杀对攻练习法(一人对一人)

双方均可采用高吊杀、搓、推、勾控制对方,而对方则应想出守中反攻,因此,是一种难度和强度都大的综合攻守练。

4.一对二攻守练习法

一对二攻守和高吊杀对接高吊杀一样,一人是高吊杀全面进攻,二人是全场防守。这种练习方法适用于一人水平高,需要二人防守才能守得住的情况,增加进攻者难度时也可采用这种练习方法。

5.二对一攻守练习法

进攻一方是二人,而防守一方是一人,这就更增加了防守者的难度,是一种全场防守练习方法。

6.二对一的高吊杀对攻练习法

不论是二人一方还是一人一方,均可采用高吊杀进攻对方,这是提高全场攻守能力的练习方法。

第四节　常见的羽毛球练习法

一、单球直线单边对练法

练习者在左区或右区用单球进行直线单边对练(图2-57)。

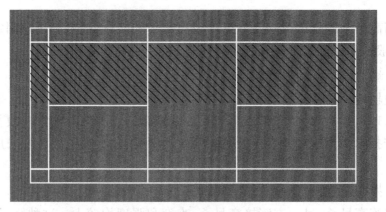

图2-57　羽毛球场地单边区

二、单球对角单边对练法

练习者在对角区,使用单球进行对角单边对练(图2-58)。

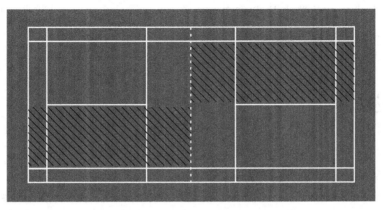

图2-58　羽毛球场地对角区

三、多球对练法

练习者双方均可用两个球,当失误时,不用去捡球,而将手中的球再发出去,以增加练习时间和击球次数,是一种增加强度和密度的训练方法,适用于单、双打练习。

四、多球单练法

练习者是一个人,采用多球训练。根据训练要求,采用不同的路线、速度、和组数、个数,由教练员发多球给练习者练习。当一人练习完一组之后,可休息一定时间,换另一人练习,这种多球练习是增加难度和强度的一种好方法,为了保证有一定密度,练习者最多不超过3人一组,最好2人一组。双打练习也常使用多球练习法。

五、多人陪练法

这种练习法在单打中一般较多采用二对一的陪练法,它对提高练习的难度、强度和密度均有好处,如二培一进行高吊、高杀、吊杀、高吊杀等练习能收到较好的效果。在双打中常采用三对二练习攻守,甚至增加至四对二,即三人或四人进攻,二人练习防守,是一种能较明显提高防守能力的训练方法。

【回顾练习】

    1. 羽毛球初学者常见的握拍错误有哪些?

    2. 羽毛球运动的基本技术有哪些?

    3. 羽毛球运动的发球方法有哪些?

    4. 常见的羽毛球练习方法有哪些?

【知识拓展】

羽毛球步法口诀

看手动腰(观察对方的动作,准备提前移动自己的重心)。

先起后抬(看对方挥拍动作出来,提起重心并把肩膀抬起来,准备起步)。

追球赶步(移动中一定要看羽毛球的运动轨迹,步子一定要赶在球下落之前)。

到点鞠躬(跑到点上再落重心,准备击球动作)。

扭胯第一(无论什么步伐,先动的一定是胯)。

步伐有数(怎么能跑到点上,就要看你预测距离,然后设计跨步小碎步的搭配)。

小腿稍撇(接地面球时小腿和脚有点外撇,降低重心)。

胳膊抡圆(步伐中,胳膊也要进行配合,一定不能耷拉着走,要运动起来)。

跳起危险(进行劈杀时,初学者最好不要跳,难度大失误多)。

后退无忧(不管怎么样,后撤步是开始最难掌握的,一旦掌握好了,全场皆活)。

羽毛球运动战术

【思政要点】

深刻领悟党的二十大精神,牢牢把握立德树人根本目的;深刻把握不忘初心、牢记使命的深层逻辑;坚定历史自信、文化自信;强化体育为人民、体育为强国的本质目的论。

【学习任务】

羽毛球战术是指运动员在比赛中为表现出高超的竞技水平和战胜对手,而采取的计谋和行动。在羽毛球比赛中,双方要想控制对手,力争主动。以己之长,克彼之短,控制和反控制的竞争是十分激烈的,要根据不同的对手特点,采取相应变化的技术手段战而胜之。

【学习目标】

1.掌握羽毛球运动的基本知识和技能,能运用所学知识技能锻炼身体,参加与组织竞赛活动。

2.能运用羽毛球运动的技术、战术、方法和手段,来进行羽毛球的训练。

3.通过多种专项的练习,发展力量、速度、耐力、灵敏和协调的各种身体素质。

4.确立和形成良好的道德和团结合作、公平竞争、顽强拼搏的精神。

5.加大培养对羽毛球技术、战术综合运用的能力,及各种练习和学习方法。

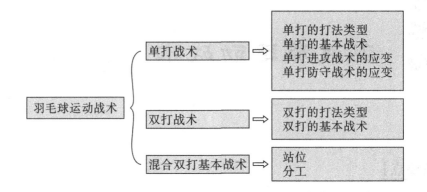

第一节　单打战术

一、单打的打法类型

单打的打法是根据比赛者的个人技术特点、身体素质、心理素质等条件而形成的技术打法,常见的大约有以下5种。

(一)控制后场,高球压底

从发球开始就运用高远球或进攻性的平高球压对方后场底线,迫使对方后退,当对方回球不够后时,以扣杀球制胜;或当对方疏于前场防守时,就可以以轻吊、搓球等技术在网前吊球轻取。轻吊必须在若干次高远球大力压住后场,对方又不能及时回到前场的基础上进行,这种打法主要是力量和后场的高、吊、杀技术的较量。对初学者来说,这是一种必须首先学习的基础打法。

(二)打四角球,高短结合

在后场,以高远球、平高球和吊球,在前场则以放网前球、推球和挑球准确地攻击对方场区前后左右4个角落,调动对方前后左右奔跑,顾此失彼,待对方来不及回中心位置或回球质量差时,向其空档部位发动进攻制胜。这种打法要求进攻队员具有较强的控制球落点的能力和灵活快速的步法,有速度,否则难占上风。

(三)下压为主,控制网前

主要通过后场的高远球、扣杀、劈杀、吊球等技术,先发制人,然后快速上网以搓、推、扑、勾等技术,高点控制网前,导致对方直接失误,或被动击球过网,被进攻队员一举击败的一种打法,通常也称"杀上网"的打法。这种打法是进攻型的打法,能够快速上网抢高点控制网前,对速度耐力和力量耐力要求也较高,而且这种打法体力消耗较大,如果碰上防守技术好的对手,体力就往往成为成败的关键因素。

(四)快拉快吊,前后结合

以平高球快压对方后场两底角,配合快吊网前两角(或运用劈杀)引对方上网,当对方被动回击网前球时,即迅速上网控制网前,以网前搓、勾球结合推后场底线两角,迫使对方疲于应付,为前场扑杀和中后场大力扣杀创造机会,这也是一种积极主动、快速进攻的打法。这种打法,要求运动员身体素质好,特别是速度耐力要好,技术全面熟练,而且还要具备突击进攻的特长技术。

(五)守中反攻,攻守兼备

以平高球和快吊球击向对方前后左右4个角落,以调动对方,让对方先进攻,针对进攻方打的高远球、四方球、吊球等,加强防守,以快速灵活的步法、多变的球路和刁钻准确的落点,诱使对方在进攻中匆忙移动,勉强扣杀,造成击球失误,或当对方回球质量较差时,抓住有利战机,突击进攻。这种打法要求队员具有攻中有守、守中有攻的控球和反控球能力,不仅应具备优良的速度耐力、灵活的步法、准确快速的反应和判断应变能力,更应具有顽强的拼搏精神和心理素质,这样才能在逆境和被动中保持沉着冷静,并奋起反击。

二、单打的基本战术

(一)发球战术

发球不受对方干扰,只要在规则允许的范围内,发球者可以随心所欲地以任何方式发到对方接球区的任何一点,采用变化多端的发球战术,常常能起到先发制人、取得主动的作用,因此发球在比赛中占有重要地位。

在采用发球战术时,眼睛不要只看自己的球和球拍,应用余光注视对方的情况,找出薄弱环节。发各种球的准备姿势和动作要注意一致性,给对方的判断带来困难,处于消极等待的状态,发球后应立即把球拍举至胸前,根据情况调整自己的位置,两脚开立,身体重心居中,但一定注意重心不要站死,眼睛紧盯对方,观察对方的任何变化,积极准备还击。

1. 发后场高远球

这是单打中常用的发球,要求把球发到对方端线处,迫使对方后退还击,给对方进攻制造难度。发高远球虽然弧线高,飞行时间长,但由于离网距离远,球从高处垂直下落,后场进攻技术差的对手较难下压进攻。把球发到对方左、右对角线的接球区的底线外角处,能调动对方至底线边角,便于下一拍打对方对角网前,拉开对方的站位,特别是左场区的底线外角位是对方反手区,更是主要攻击的目标,但发右场区的底线外角时要提防对方以直线平高球攻击自己的后场反手区,如果把球发到对方接发球区底线的左、右半区的内角位,就能避免对方以快速的直线攻击自己的两边。

2. 发平高球

平高球的飞行弧线较低,但对方必须退到后场才能还击。由于球的飞行速度快,对方没有充裕的时间考虑对策,回球质量会受到一定的影响。对于球队飞行弧线的控制,应看对方站位的前后和人的高矮及弹跳能力而定,以恰好不给对方半途拦截机会为宜,落点的选择基本与发高远球相同。

3. 发平快球

发平快球(或者平高球)和网前球配合,争取创造第三拍的主动进攻机会,称为发球抢攻的战术。发平快球属于进攻发球,球速很快,称为发球抢攻的战术。发平快球作为突袭手段如运用得当,往往能取得主动,但当接球方有所准备时,也能半途拦截,以快制快,发球方反而会处于被动。发平快球时球的落点一般应在对方反手区,或直接对准接发球的身体,使对手措手不及。

4. 发网前球

发网前球能减少对方把球往下压的机会,发球后立即进入互相抢攻的区域。把球发到前发球内角,球飞行的路线较短,容易封住对方攻击自己后场的角度。发球到前发球线外角位能起到调离对方中心位置的作用,特别是在右场区发前发球线外角位,能使对方反手区出现大片空档,但对方也能以直线推平球攻击发球者的后场反手,如果预先提防,可用头顶球还击。发网前球也可以发对方的追身球,造成对方被动,最好发网前球时配合发底线球才能有较好的效果。

(二)接发球战术

接发球虽然处于被动、等待的状态,但由于发球时受到诸多规则的限制,发球不能给接发球者带来太大的威胁。发球者发球只能发到发球区内,而接发球者只需防守半个区域,却可还击到对方整个场区,所以接发球者若能处理好这一拍,也可取得主动。

1. 接发高远球、平高球

接发高远球、平高球一般可用平高球、吊球或杀球还击,但如对方发球后站

羽毛球运动

位适中,进攻时要注意落点的准确性。若用杀球、吊球还击,自己的速度要跟上;如果对方发球质量很好就不要盲目重杀,可用高远球、平高球还击,伺机再攻,或者用点杀、劈杀、劈吊下压先抑制对方。

2. 接发网前球

接发网前球可用平推球、放网前或挑高球还击,当对方发球过网较高时,要抢先上网扑杀,接发网前球的击球点应尽量抢高。

3. 接发平快球

接发平快球要观察对方的发球意图,随时要做好准备,借用对方的发球力量快杀空档或追身都能奏效,也可借助反弹力拦吊对角网前。

(三)逼反手

就所有的运动员而言,后场的反手击球总是或多或少地弱于正手击球,相对进攻性不强,球路也较简单(由于生理解剖结构的限制),有的运动员还不能在后场用反手把球打到对方端线,所以对于对方的反手要毫不放松地加以攻击。

后场反手较差的人,经常使用头顶击球、侧身击球来弥补反手的不足。由于头顶、侧身击反手区球时,身体重心、身体位置要偏向左场区的边线,因而可以重复攻击对方的反手区,使其身体位置远离中心,这样本来是对方优点的正手区就出现大片的空档,成了被攻击的目标。当对方打来半场高球的时,扣杀落点的选择应是:如对方移动慢,扣杀落点应在他刚离开的为止,因为在快速移动中要马上停住再回转身来接杀球是很困难的,迫使对方在后场用反拍击球时,要主动向前移动位置,封住网前,当对方在后场用反手吊直线或对角网前球时,就可以很快上前扑杀或搓、勾,为下一拍创造主动的机会。

(四)平高球压底线

用快速、准确的平高球打到对方后场两角,在对方不能拦截的前提下尽量降低球的飞行弧线,把对方紧压在底线,当对方回击半场高球时,就可以扣杀进攻,使用平高球压底线时,如配合劈吊和劈杀可增加平高球的战术效果,一般情况下,平高球的落点和杀、吊的落点拉得越开效果越好。

(五)拉、吊结合杀球

此战术是把球准确地打到对方场区的 4 个角上,使对方每次击球都要在场上来回奔跑。使用这种战术时,对不同特点的对手要采用不同的拉、吊方法。对后退步法慢的可以多打前、后场;对盲目跑动满场飞的可使用重复球和假动作;对灵活性差的应多打对角线,尽量使对方多转身;对后场反手差的仍通过拉开后攻反手;对体力不好的可用多拍拉、吊结合来消耗其体力,然后战胜之。

如能熟练地使用平高球、劈吊和网前搓、推、勾技术,快速拉开对方,伺机突击扣杀,则这一战术能收到更好的效果。

(六)吊、杀上网

先在后场以轻杀、点杀、劈杀配合吊球把球下压,落点要选择在场地两边,使对方被动回球,对方还击网前球时,迅速上网以贴网的搓球,或勾对角,或快速平推创造半场扣杀机会;若对方在网前挑高球,可在其向后退的过程中把球直接杀向他的身上。

(七)过渡球

要明确过渡球是为了摆脱被动,为下一拍的反攻积极创造条件,怎样才能变被动为主动是比赛中的重要一环。被动时要做到以下两点。

(1)争取时间调整好自己位置和控制住身体的重心。从网前或后场底线击出高远球是被动时常用的手段,当处于不停地跑动追球的状态时,或身体重心失去控制时,都可以打出高远球,以赢得时间,恢复身体重心,调整自己的处境。

(2)利用球路变化打乱对方的进攻步骤。在接杀球或接吊球时要把球还击到远离对方的地方,以破坏对方吊、杀上网的连续快速进攻,如果对方吊、杀球后盲目上网,而自己的位置较好时,则可把球还击到对方底线。

(八)防守反攻

防守反攻这一战术是对付那种盲目进攻而体力又差的对手。比赛开始,先以高球诱使对方进攻,在对方只顾进攻而疏忽了自己的防守时,即可突击进攻;或者在对方体力下降、速度减慢时再发动进攻。这种开始固守、乘虚而入、以逸待劳、后发制人的战术有时效果也较好。

三、单打进攻战术的应变

(一)发球抢攻战术的应变

发球抢攻是比赛的重要得分手段,发球可根据对手的站位。回击球的习惯球路、反击能力、打法特点、精神和心理状态等情况,运用不同的发球方法,以取得前几拍的主动权,通过这一战术的运用,打乱对方的整个战略部署,造成对方措手不及,特别是在关键时刻,运用发球抢攻战术能达到不同的效果;在相持时可以用它来打开僵持的局面,力争主动;领先时可以用它来乘胜追击,一鼓作气战胜对手;落后时可以用它来做最后的拼搏,力挽狂澜,反败为胜。

1.发前场区抢攻战术

发前场区球有发1号区球,发1、2号区之间球,发追身球。

发前场区球的目的主要是限制对方马上进行攻击,另一个目的是通过准确、有意识地判断对方的回击球路,从而组织和发动快速强有力的抢攻,达到直接得分或获得第二次攻击机会。发前场区球在一般情况下要以发 1、2 号区之间的球和追身球为主,这样比较稳妥,不至于造成失误。

2. 发平高球抢攻战术

发平高球有发 3 号区,发 4 号区,发 3、4 号区之间三种平高球。发平高球抢攻战术和发前场区抢攻战术的不同点在于发前场区抢攻可直接抓住战机进行抢攻,而发平高球抢攻则要通过守中反攻的手段才能获得抢攻的机会。

发平高球的目的:①为了配合发前场区球抢攻;②让对手进行盲目进攻或在我方判断的范围之中进攻,使发球方能从防守快速转入进攻;③造成对方由于失去控制而直接失误。

3. 发平射球主要是发 3 号区平射球

发平射球战术的目的:①偷袭,如对方反应慢,或站位偏边线,3 号区空隙大时,偷袭 3 号区成功率可能大;②逼对方进行平抽快打的打法;③把对方逼至后场区,造成网前区的空隙。

(二)接发球抢攻战术的应变

接发球抢攻战术是接发球战术中最易得分、最有威胁的一种战术,但是前提是对方发球的质量欠佳,如发高球时落点不到位;发前场区球过网时过高;发平射球时速度不快,角度不佳;发平高球时节奏、落点、弧度不佳等都会给接发球抢攻造成机会。

离开了这一前提条件而盲目地进行抢攻,效果就差,成功率就低。除此以外,还要有积极的、大胆的抢攻意识,要获得抢攻战术的成功(得分)还得根据自己的技术特点和身体条件,同时结合对方的技术特点、身体条件和心理素质。例如,当对方从右场区发一平高球落点欠佳时,就造成我方发动抢攻的极好时机,我方就要运用自己最擅长的技术,抓住对方的弱点,果断大胆地抢攻。

抢攻战术的完成大都要由两三拍抢攻球路的组织才能奏效,所以一旦发动抢攻就要加快速度,扩大控制面,抓住对方的弱点或习惯路线一攻到底,一气呵成,完成组合的抢攻战术。

(三)单个技术的进攻战术应变

1. 重复平高球进攻战术

重复平高球进攻这种战术的特点是以重复平高球进攻对方同一个后场区,甚至可连续重复数拍,以求达到置对方于死地或逼对方击出一半场高球,以利我方进行最后一击。这种战术对回动上网快,控制底线球能力差,以及侧身步法差的对手很有效果。

2.拉开两边平高球进攻战术

拉开两边平高球进攻战术是使用平高球或挑球连续攻击对方两边后底线，以求获得主动权，或逼对方转为被动，以利于我方最后一击的战术。采用这种战术，要求击球方控制高球的出手速度、击球的准确性和动作的一致性等都比较好，这种战术对回动上网快，两底线攻击能力较弱的对手是很有效果的。

3.重复吊球战术

重复进行吊两边或吊一边，以求获得主动攻击权。这种战术对于我方吊球技术较好，并能掌握假动作吊球者，对待对方上网步法差，或对方找底线球不到位，而急于后退去防守我方的杀球者最为有效。

4.慢吊(软吊)结合快吊(劈吊)战术

所谓慢吊(软吊)是指球从后场吊球至网前的速度较慢，且弧度较大，落点离网较近，采用这种技术结合乎高球是为了达到拉开对方站位的目的，有时也可得分；所谓快吊(劈吊)是指球从后场吊球至网前的速度较快，出球基本成一直线，落点离网较远，这是当对方站位被拉开，而身体重心失去控制的一瞬间，所采用的一种战术。

5.重复杀球进攻战术

当遇上一位防守时经常习惯反拉后场球的对手时，就可采用重复杀球的进攻战术。采用这种战术首先要了解对手的这一情况，然后先运用轻杀或短杀，此时，我方不能急于上网，而要调整好自己的位置，以利于采用重复杀的战术。

6.长杀结合短杀(点杀、劈杀)的进攻战术

长杀结合短杀(点杀、劈杀)战术，概括地说，就是"直线长杀，对角短杀"。它比起直线短杀结合对角长杀效果会更好，因为"直线长杀结合对角短杀"造成对方接杀时，需要移动的距离比较远，增加了防守的难度。

7.重杀与轻杀的进攻战术

半场重杀，后场轻杀是这一战术的概括。当我方通过拉吊创造出半场球的机会时，应该采用重杀战术，反之球在后场我方还想采用杀球时，一般多用轻杀，因为半场球用重杀，哪怕是失去身体重心，也不至于造成控制不了网前的局面，但是，如果在后场采用重杀，万一失去身体重心，上网慢了就控制不住网前，而轻杀可使自己保持较好的身体重心位置，以利于下一步控制网前。

8.重复搓球进攻战术

当碰到上网搓球之后习惯很快退后的对手时。我方就可采用重复搓球的战术，达到获得主动的机会及破坏对方后退进攻的意图。

9.重复推球进攻战术

当碰到从后场拦网前球之后迅速回动至中心的对手时，我方就可采用重复

推球的战术。特别是反手网前推直线球威胁更大。

10. 两边勾球进攻战术

当我方从网前勾对角网前球,对方回搓一直线网前并退后想进攻时,我方可以再勾一对角线球,运用这一战术来对付转体差的对手时更有效果。

(四)组合技术的进攻战术应变

1. 以平高球开始组织的进攻战术

单打比赛中,一个球的争夺一般有 3 个阶段,即控制与反控制阶段、主动一击阶段以及最后致命一击阶段。例如,我方从正手后场区以直线平高球攻击对方头顶区,对方想摆脱被动局面反打一对角平高球,企图让我方回击直线高球,恢复其主动地位,此时我方反压对方头顶区(采用重复平高球战术),逼对方回击一直线高球,而且移开了对方的中心位置,获得了主动出击的机会,并迅速地采用吊劈对角球,从而控制了整个局面。比如,对方很被动地接回一个直线网前球,我方判断到对方只能这样回击,很快上网做了个搓球假动作后迅速地推一直线,造成对方被动回击一直线半场高球,形成我方最后一击的形势。我方大力杀中路身上球,对方只能应付挡一网前球,而且回击质量不好,我方迅速上网扑球,解决了这一回合的争夺。

在进行控制反控制争夺主动权时要稳、准、活,一旦获得主动一击战机之时要快、准,在最后一击时要快、狠。在处理每个球时,要清醒地判断自己所处的情况,不应混淆 3 个阶段来处理球,如还未获得主动一击的情况下,不应采用主动一击的行动,更不应采用最后一击的行动。总之,在每一个回合的争夺战中,要清醒地处理每个阶段的球,前面说的是不能超越阶段处理,可是,如果自己处在主动一击时而不用主动一击的行动,或是处在最后一击情况下而不采用最后一击的行动,都是不对的,都会造成被动或失去主动权。

2. 以吊劈开始组织进攻的战术

吊杀控制网前进攻战术就是以吊劈开始组织进攻的战术,其中有"吊上网搓创造突击进攻战术""吊上网推创造突击进攻战术""吊上网勾创造进攻的战术""吊杀进攻战术"等。采用这种战术的条件:①自己要有较好的吊球或劈吊球技术;②对方上网能力较弱;③对方后场进攻威力很强,为了不让对方发挥优势而采用这种战术。

3. 以杀劈开始组织进攻的战术

以杀劈开始组织进攻的战术,是属于抢攻型队员的典型战术。采用此种战术打法须具备良好的速度耐力,较好的杀劈上网控制网前的技术和步法,是一种威胁性很大的战术。在 20 世纪 60 年代以方凯祥为代表,但目前已很难看到我国优秀选手中有这种打法,而在印尼选手中却有不少人具有这种打法,以阿尔比为代表,其特点是以快速杀劈上网搓、推、勾或扑控制网前球,创造出第二次的杀劈机会,采用这种打法的队员只要有机会,就采用杀劈技术。

4. 以控制网前球开始组织进攻战术

当对方常发网前球时,我方想组织进攻就必须从控制网前球开始,首先必须具有较快的上网步法,同时还需具有较好的搓、推、勾一致性较强的技术,最后才能有效组织这一进攻战术。

(五) 以路线和区域组成进攻战术的应变

1. 对角路线的进攻战术

无论采用什么技术,都以回击对角路线来组织战术,特别是当对方打直线球时,我方以对角路线回击之,对转体差或慢的对手是很有效的一种进攻战术。当然,采用这种战术不能太死板,一旦被对方发现规律,易产生不利于自己的局面。

2. 三角路线的进攻战术

采用这种战术的原则就是当对方回击直线球时,我方就打对角球,反之,对方回击对角球时,我方就打直线球。这种战术的特点是可以使对方移动的距离最远,难度较大,能准确地判断对方回球的路线,而采用"三角路线"是一种较有效果的进攻战术。

3. 攻后场反手区进攻战术

针对对方反手区有较大的弱点,如侧身步法差,回击头顶球之后位置易被拉开,反拍技术较差,头顶区球路死板等,对我方构不成太大的威胁,采用攻后场反手区进攻战术的成功率就会较高。

4. 攻后场正手区进攻战术

针对对方后场正手区有较大的弱点,如正手侧身步法差,回击正手区球后位置易被拉开,正手区的球路对我方构不成太大的威胁等因素,采用此战术效果较好。

5. 攻后场两边的进攻战术

针对对方后场两边有较大的弱点。如后退步法慢,后场手法差,进攻能力和防守能力都较弱等,采用重复压对方两底线战术效果较好。

6. 攻前场区进攻战术

针对对方前场区较弱,如上网速度慢,步法有缺陷,前场手法差,从前场击出的球路及质量对我方威胁不大,采用这一战术效果较好。

四、单打防守战术的应变

防守战术的原则是"积极防守""守中反攻",而不是"消极防守"。因此要达到"积极防守""守中反攻"的目的,就要在自己处于防守的被动情况下,通过调整战术来化解对方的攻势、夺回失去的主动权,这就必须具备较好的防守能力(包法手法、步法),如有较好的回击后场高远球的能力、起动反应快、步法到位,或有较好的反挡底线的能力、勾对角球的能力、挡及反抽的能力等,才能运用"守中反攻"和"积极防守"的战术。

(一)打两底线高远球的防守战术

打两底线平高球是属于进攻战术,而打两底线高远球是属于防守战术。平高球与高远球分别作为进攻与防守时使用的技术,在使用上一定不能混淆。防守时只能使用高远球,如用平高球去进行防守战术,不仅不能达到很好的防守目的,反而又增加了防守的难度,反之,不能用高远球作为进攻战术来使用。

(二)采用勾对角网前结合挡直线网前或半场球的防守战术

在防守中采用勾对角网前球战术是很有效果的,如再结合挡直线就使防守战术更灵活多变,对对方更有威胁性。当然,这需要能准确判断对方进攻的落点、反应到位,并具有灵活多变的手法,才能打出挡直线结合勾对角的球,达到"守中反攻"的目的。

第二节　双打战术

一、双打的打法类型

双打打法是根据双方的技术水平、身体素质和心理素质以及伙伴的配合特点,经过长期训练而形成的。常见的有以下3种。

(一)前后站位打法

前后站位打法基本上是本方处于发球时所采用。发球的队员站位较前,当发球员发球后立即举拍封堵前场区,另一名球员则负责中场或后场的各种来球,前后站位法可充分运用快攻压网前搓、吊、推、扑技术,寻找空隙,一举打乱对方站位或通过后攻前扑,后场连续大力扣杀,前场积极封堵,当回球在网附近时,一举给以致命打击。

(二)左右站位打法

左右站位打法基本上为本方处于接发球状态和受到下压进攻时所采用。对方发球或打来的平高球处于后场,接球方可从原来的前后站位立刻转换为左右站位,两人各负责左右半场区的防守,以平抽、平打压住对方后场底线两角,在对方扣杀球时也能以平抽反击或挑高远球至两底角,造成对方回球无力,一举扣杀或吊球成功。

(三)轮转站位打法

在比赛中,攻守双方总是根据比赛的情况而不断地在前后站位和左右站位间相互变换。对于站位的变换通常具有如下特点。

(1)发球或接发球时前后站位。当对方回击高球至后场偏一侧进攻时,位于前面的队员要直线后退,后方的队员看情况移动,改换成左右站位。

(2)发球或接发球时处于左右平行站位。在发球后或在对击球过程中,一旦有机会进行下压进攻时,一名球员便快速上网封堵,另一人则快速移动到后场进行大力扣球、吊球、杀球,导致对方处于被动地位。

二、双打的基本战术

双打比单打每方增加一名队员,而场地宽度仅增加 92 厘米,接发球区还比单打缩短了 76 厘米,因此双打从发球开始就形成短兵相接的局面。由于进攻和防守都加强了,这就更加要求运动员技术全面,能攻善守,反应灵敏,特别是对发球、接发球、平抽、挡、封网、扑、连续扣杀、接杀挑高球及防守反击等诸多技术,要求更高,两名队员配合默契,相互信任,打法上攻守衔接及站位轮转协调一致,是打好双打的关键。

(一)发球

由于双打的后发球线比单打短,在双打中若发高远球,接发球方可以大力扣杀,直接争取主动,同时又较少有后顾之忧,因此站位往往压在靠近前发球线处,对发球者造成很大的心理上和技术上的威胁,所以发球质量、路线的配合、弧线的制造、落点的变化对整个双打比赛的胜负意义极其重大,可以毫不夸张地说,比赛的双方若水平差不多则胜负取决于发球质量。

1. 发球站位

发球的站位不同,对发球的飞行路线、弧线、落点和第三拍的击球都有影响。

（1）发球者紧靠前发球线和中线。这种站位始于反手发网前内角,球过网后球托向下,不易被对方扑击。由于站位靠前,也便于第三拍封网,但站位靠前不利于发平快球,一般是发往前内角位球配合发双打后发球线的外交位平高球。

（2）发球者站位离前发球线半米,靠中线。这种站位优点是发球的选择面较广,正、反手都可发网前球、平快球、平高球,并且各种路线都可以发。缺点是球的飞行时间长,对方有较多时间判断处理,发球后如果抢网较慢也容易失去网前主动权。

（3）发球者站在离中线较远处。这种站位主要用于在右场区以正手和左场区以反手发平快球攻对方双打后发球线的内角位,配合发网前外角,值得一提的是,这种发球只能作为一种变换手段,因为这种发球只对反应慢、攻击力差的对手有一定威胁,但对方有了准备时作用就不大了,而且还会使自己陷入被动。

2. 发球路线

发球路线和落点的选择需注意如下几点。

（1）调动对方站位,破坏对方打法。

（2）避实就虚,抓住对方弱点发球抢攻。

（3）发球要有变化。

3. 发球时间的变化

接发球方在准备接发球时,思想虽然高度集中,但因受到发球方的牵制,他要等球发出后才能判断、启动、还击,所以发球动作的快、慢也应在规则允许的范围内有所变化,不要给接球方掌握规律。

4. 发球时心理的影响

在双打比赛中,有时会出现发球失常,其中一个原因是发球技术不过硬;另一个原因则是受接发球者的影响,由于接球者站位逼前,扑、杀凶狠且命中率较高,加之比分正处于关键时,心情紧张,造成手软从而影响了发球质量。遇到这种情况,要沉住气,观察接发球者的动向,心理意图,接发球的路线和规律,提高发球质量,增强还击第三板的信心。另外,发球的路线要善变且无规律,真真假假、虚虚实实,这样就会减少不必要的顾虑,发球质量也会稳定下来。

（二）接发球

接发球虽然受发球方的牵制,属于被动等待,但由于规则对发球作了击球点不能过腰、球拍上沿须明显低于手、动作必须连续向前挥动（不许做假动作）、不能迟迟不发等诸多限制,所以使发球者发出的球不能具有太大的威胁。接发球方如果判断准确,启动快、还击及时,就能在对方发球质量稍差时杀、扑得手或取得主动;反之,也会接发球失误或还击不利使自己陷入被动。

1. 接发内角位网前球

以扑或轻压对方两边中场及发球者身体为主要攻击点,配合网前搓、勾等其他线路。

2. 接发外角位网前球

除了以上打的点外,还可以平推对方底线两角以调动对方一名队员至边角,扩大对方另一队员的防守范围。

3. 接发内角、外角位后场球

应以发球者为攻击点,力争扣杀追身球,如启动慢了,可用平高球打到对方底线两角,一般发球者在后场球发出后,后退准备接杀的情况居多,这时可用拦截吊球,落点可选择在发球者的对角。

(三)攻人

这是双打中常用的一种战术,就是以人为攻击目标,对付两名技术水平高低不一的对手时,一般都采用这种战术。它集中攻势于对方一名队员,常能起到集中优势兵力打歼灭敌人作用;在另一队员过来协助时,又会暴露出空档,可在其仓促接应、立足不稳时偷袭他。

(四)攻中路

1. 守方左右站位时把球打在两人的中间

这种战术可以造成守方两人抢接一球或同时让球,彼此难于协调;限制对手在接杀球时挑大角度高球调动攻方;有利于攻方的封网,由于打对方中路,对方回球的角度也小,网前队员封网的难度就小了。

2. 守方前后站位时把球下压或轻推在边线半场处

这种战术多半是在接发网前球和守中反攻抢网时运用,这种球守方前场队员拦截不到,后场队员又只能以下手击球放网或挑高球,后场两角便会露出很大空档,因而有隙可乘,攻击他的空档或身体位。

(五)攻后场

这种战术常用来对付后场扣杀能力较差的对手,把对方弱者调动到后场后也可以使用。此战术多采用平高球、平推球、挑底线把对方一人紧逼在底线,使其在底线两角移动击球,在其还击出半场高球或网前高球时即可大力扣杀,取得该球的胜利或主动。如在逼底线两角时对方同伴要后退支援,则可攻击网前空档或打后退者的追身球。

(六)后攻前封

后场队员积极大力扣杀创造机会,在对方接杀放网、挑高球或企图反击抽球时,前场队员以扑、搓、勾、推控制网前,或拦截吊、点封住前半场,使整个进攻连贯而又有节奏地变化,使对方防不胜防。

(七)防守

1. 调整站位

为了摆脱被动,伺机转入反攻,首先要调整好防守时的站位。如果是网前挑高球,那么击球者应该直线后退,切忌对角后退,因为直线后退路线短、站位快、对角后退路线长,也容易被对方打追身球。双打防守时的站位调整,都是一名队员在跑动击球时,另一名队员根据同伴的移动情况填补空档。

2. 防守球路

(1)攻方杀球者和封网队员在半边场前后一条直线上,接杀球应打到另半边前场或后场。

(2)攻方杀球者和封网者在前后对角位上,接杀球可还击到杀球者的网前或封网者的后场。

(3)攻方杀球者杀对角后,另一名队员想要退到后场去助攻时,接杀球时可以还击到网前中路或直线网前。

(4)把攻方杀来的直线球挑对角,杀来的对角球挑直线以调动杀球者。

关于防守的方法还有许多,但目的都是破坏攻方的进攻节奏和进攻的势头,在攻方进攻势头减弱时即可平抽或蹲挡,若攻方站位混乱出现空档时,守方即可抓住战机转守为攻取得主动。

第三节　混合双打基本战术

混合双打是由一名男选手和一名女选手搭配组成的双打,因此混合双打的基本战术同双打的基本战术大致是相同的。然而,由于女选手在速度、力量等体能方面要比男选手相对差一些,女选手在混合双打中往往是被攻击的主要对象。所以在进行混合双打时,具体运用战术的方式上与双打有些不同之处,突出表现在以下方面。

一、站位

虽然混合双打也是采用前后站位和左右站位两种基本站位方法,但具体方式却与双打不同。混合双打女选手后场的攻击能力较男选手差一些,所以女选手主要站在前场,负责封住网前小球,而男选手能力强一些,则负责中后场的大范围区域,形成男选手在后、女选手在前的基本进攻队形。

为了配合这种队形,男选手发球时站位要后移至中场附近,而此时女选手应站在靠近前发球线的附近,发球后,男选手立即准备守住中后场,而女选手则负责封住前半场。

二、分工

在混合双打中采用平行站位时,与双打的不同之处在于,无论女选手是在左区还是在右区,一般都只负责守住靠近边线一边的三分之一区域,而将场区的大部分区域留给男选手。这样女选手防守范围小,防守起来也相对容易些。

女选手在前、男选手在后的前后队形是混合双打的基本队形。女选手只负责网前小部分区域,而男选手要负责场地中后场的大部分区域。

【回顾练习】

1. 羽毛球单打的发球战术和接发球战术在比赛中如何运用?
2. 羽毛球单打的发球强攻战术和接发球抢攻战术如何应变?
3. 羽毛球单个技术的进攻战术和组合技术的进攻战术如何应变?
4. 羽毛球单打防守战术如何应变?
5. 针对羽毛球双打的发球战术,接发球应如何应变?

【知识拓展】

羽毛球四类流行战术打法

1. 中国式的战术打法

这种打法最全面,既是持久战术,消耗双方的体力,同时,又要发挥猛攻快打的特点,它要求运动员机灵、耐久、准确、情绪稳定、打击对方的弱点。从理论上来讲,这种打法最好,但是要完全做到也不容易,它要求运动员有一定的天赋和熟练的技能。中国也只有少数运动员可以做到,如杨阳、赵剑华、韩爱萍、李玲蔚、林丹、张宁等运动员,因此,这种羽毛球战术在理论与实践上有着差距。

2. 印尼式的战术打法

比赛中可以看到印尼选手也同样拥有高超的技术,看准了就猛杀,不愿消耗体力,但是一旦输了情绪就开始波动,一败涂地。另外,要有这样的高超技术,不是一般人所能做到的,有陶菲克、李宗伟为代表,但是印尼羽毛球健儿往往失利于体力不支。印尼式的战术打法很流行,技术漂亮洒脱,模仿者甚多,例如马来西亚、新加坡、中国香港一些运动员。

3. 欧洲的战术打法

欧洲运动员属于猛打猛冲类型的多一些,这种打法主要靠体力而技术相对粗糙一些,容易被对方率着鼻子走,丹麦、瑞典、英国、荷兰、加拿大、澳大利亚、德国的羽坛健儿基本属于这种类型,但凡技术稍微细腻点,都能取得相当不错的成绩。

4. 韩国式的战术打法

韩国也属于羽毛球强国,世界级的优秀运动员很多,特别是双打,其技术战术打法接近中国的打法,不同的是韩国的打法是从个人的经验和教训中创出来的,相对总结少一些,没形成具体的理论。韩国的打法也有广泛的区域,日本、中国台湾等地区基本属于这种打法。

随着赛事的增多,各国运动员交流比赛的机会也有增多,相互学习交流比较广泛,技术打法也有融合的趋势,但是各国的传统优势技术始终会保留下来。

羽毛球运动战术意识

【思政要点】

贯彻党的二十大新发展理念,落实新时代全民健身、健康中国、体育强国的要求,提升体育发展质量;以人为本,坚持唯物主义辩证发展思想;遵循科学发展观、落实协同发展理念。

【学习任务】

羽毛球战术意识是选手在比赛中为争取胜利,充分发挥自己的战术,并根据对手的特点、体力和心理素质采取的对策。羽毛球比赛的特点就是双方始终围绕着限制与反限制展开激烈争夺。为争取主动,比赛双方总是一方面尽可能地充分发挥自己的优势,设法弥补自己的弱点;另一方面尽力限制对方特长的发挥,并诱使对方暴露弱点,随机发起攻击,从而制胜。

【学习目标】

1.掌握羽毛球运动的战术意识概述等概念,如假动作运用、控制比赛节奏、进攻防守战术等。

2.了解羽毛球运动战术应用原则。

3.熟练掌握高球、吊球、杀球、平抽球、搓球等技术。

4.提高能够准确地判断比赛场上的情况,并决定自己应如何行动的能力和同伴配合的能力。

5.加大培养与提高运动员的战术意识和综合运用的能力,以及各种练习和学习方法。

6.要增强使用技术的目的性,明白在比赛中使用某种技术时应起到的作用。

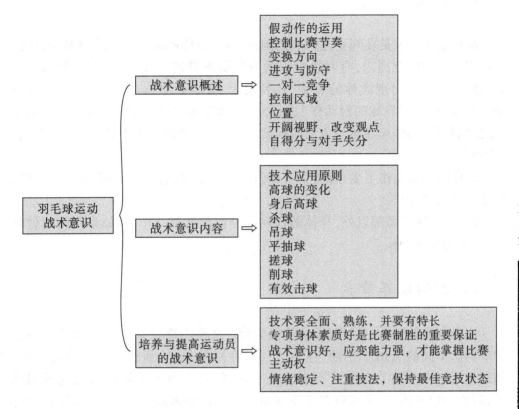

第一节　战术意识概述

运动员在比赛中能否取得优异的成绩,战术能力起着决定性的作用,而战术意识是战术能力中最基础、最核心的内容。战术意识总是与战术行动相结合而应用的,战术意识支配战术行动,战术行动的效果又反过来对战术意识进行评价。

一般来讲,战术意识强的运动员,战术行动所获得的战术效果也较理想,但也有战术意识很强,但战术行动所获得的战术效果并不理想,其原因是战术质量较差所造成的,所以战术意识只能支配运动员在何种情况下采用何种战术,而不能保证比赛一定获得胜利,只有全面提高战术能力,才能使运动员具有夺取比赛胜利的实力。

一、假动作的运用

所谓假动作就是在规则允许的范围内,依靠身体的动作等来迷惑对手,即便是在规则允许的范围内,有时也会因为裁判员本身的个性,以及其对规则的理解程度的差异而出现微妙的差别,在判定上,有时会非常严格,有时会较为宽松。在这里仅对"发球的假动作"进行介绍,越是水平高的运动员和比赛,运动员之间利用假动作来迷惑对方的时候就越多,这已经是比赛中必要的"策略"和"手段"了。

发球时的假动作主要包括:①头部假动作。②肩、肘、手腕的假动作。③腰、膝盖部位的假动作。

可以说,除了脚部以外,身体的任何部分都能做假动作,而如果用脚部做假动作,则为犯规动作。

二、控制比赛节奏

比赛节奏的变换,是时间上的快慢变化。变换比赛的节奏,要清楚自己的正常节奏。不同的人由于年龄、体力、气候、性别等差异,都有自己不同的节奏。如果不了解自己的节奏就谈不上改变节奏,但要全面地了解自己是比较困难的,需要一定的勇气,关键就在于要对自己进行冷静客观的分析,也可以让值得信赖的人帮助自己分析。

三、变换方向

所谓变换方向就是角度的改变,而变换的程度依赖于个人的感觉。一般的角度的变化,无论是立体的还是平面的,都是改变"方向"或"角度",它可以有无数个组合形式。在打球的时候,若要过多地考虑各种组合形式,就会在意识上落后于对手,而随便地打比赛,这样就会陷入对手的节奏中。要把这两者有机地结合起来。

四、进攻与防守

羽毛球是一种难以区分进攻和防守的运动。拥有发球权的一方为进攻方,接发球的一方为防守方,但这只是一时的情况。在发球之后,攻守的区别就不那么明显了,会出现持续的攻中带守、守中带攻的状态。付出的最少而收获最大的发球直接得分,在比赛中并不多见,运动员一旦进入比赛场地,无论是单打还是双打,可以说是孤立无援的,只能依靠自己,因此,运动员必须牢记"有备无患"这句话,对可能发生的情况做好充分的准备。

五、一对一竞争

实际上,无论是单打还是双打,都可以说是"一对一"竞争。如果不能确立自己的个性风格,那么不管有多么高超的技术,也不能说有自己的个性。

可以从心理、技术、体能3个方面全面地比较每个运动员,条件好的不能沾沾自喜,条件不好的也不要灰心丧气,按照"以小制大、以柔克刚"的道理,肯动脑和提高对技术的理解是弥补身体劣势的最好方法。因此,要确立自己的个性风格,要冷静地分析自身的情况。

六、控制区域

在单打比赛中,一个人要防守很大的范围,最有效的进攻方法是攻击对手控制区域的薄弱点,因此控制区域是随着对手所站位置的变化而经常变化的,为了在比赛时不出现没有防守的区域,就要站在能迅速移动至任何方向和地点的位置上。

七、位置

羽毛球比赛中,场上的位置是十分重要的。可以说,取胜的关键就是看能否守住自己的位置,而迫使对手离开他的位置。

不只在球场上,在球场之外,每个人都有自己的位置。在日常生活中,要努力确定个人的位置,并在此基础上不断地提高自己,一旦被迫离开了自己合适的位置,看看球场上的那些被迫离开自己理想位置的运动员的处境,就可以知道结果了。

确定自己在场上的合适位置,是根据与对方的实力对比、经验、状态、状况等做出判断的,位置一旦确定后就要全力地守住。

在场上的基本位置一旦决定后,可以进行5个方面的移动,当然最好是不移动位置就达到目的,但因为有对手的存在,这也只是一种希望而已,要快速地移动并快速地返回基本位置,作为步法移动的目标。

从人体构造上讲,最困难的恐怕就是向左、右斜后方移动了,其次向正前方和正后方的移动也是比较困难的。在平时的训练中,要充分了解移动的目的,并成为训练的必备内容。

迫使对手离开自己的基本位置的方法有以下几点。

（1）尽量把球打到离对手站位较远的地方。

（2）在进行上面的击球后，再把球打到相反的一边。

（3）不断改变球的高低、长短、方向等，让对手搞不清自己的基本位置在何处。在改变方向的同时，还要改变节奏。不管方向怎么变，但始终是一个节奏的话，也很难达到最佳效果。

八、开阔视野，改变观点

无论是打球还是日常生活，我们都要有开阔的视野。为了使自己的视野开阔，可以从以下几个方面去做。

（1）不来回转动头、只依靠眼睛的转动去观察。

（2）要能观察到整个场地。

（3）要注意羽毛球、对手、两边线、端线、四个角、网带、中线以及对手的站位等。

（4）要注意对手的身体姿势、表情。

（5）要能看到对手的长处、短处等表面上看不到的东西。

九、自得分与对手失分

自得分就是靠自己的攻击夺得的分数，不论是谁打球都希望获胜，并且靠自己的攻击力得分取胜，很多运动员只想依靠自己的攻击力去得分，结果是拼命地猛打而忘记了用最小的付出，去获取最大的收益这个道理，要努力在自己得分的同时，造成对手失误。

所谓的对手失分，是由没有持有发球权的一方出现失误而得的分。对于发球的一方来说，对手的失分就是自己的得分，出现的失误主要是击球出界、触网、没打中球和持球等。在实战中，发球方首先要努力发出造成"对手失分"而自得分的球，培养自得分的攻击力，在一场双方实力悬殊的比赛中，21分全部是"对手失分"也是可能的。

第二节　战术意识内容

战术意识这一特殊思维过程由战术信息选择与战术行为决策两个前后为续、紧密相连的部分组成。具体内容体现在：技术运用的目的性、战术行为的预见性、判断的准确性、攻防转换的平衡性、战术变化的灵活性、战术配合的协同性、战术行为的隐蔽性等。

一、技术应用原则

实战技术就是将所学到的各项基本技术运用到比赛中。对于运动员来说，无论是训练还是比赛，最高兴的事是击败对手，而当技术超过对手的时候，战胜对手的欲望就会更加强烈。如果只会使用单一的某种技术，打起球来不但枯燥无味，而且容易使人丧失进取心，此外单调的技术，也容易被对手所控制，攻击自己的要害。

尽管实战技术非常重要，但也不可以忽视基本技术的练习，因为只有具备了扎实的基本技术，才能更好地发挥和掌握实战技术。

此外，在精神、意志方面的斗志、忍耐力、持久力、创造力、协调性等，也是取胜的重要因素。体育比赛有时是很残酷的，比赛的结果往往取决于比赛双方的综合能力，不会有人希望自己的得分总是零，也没有人总是想输给对手，但若只重视训练的某个方面而忽视了其他方面的发展的话，比赛的结果很可能是事与愿违。

二、高球的变化

高度是高远球的生命，有了高度就有可能摆脱由于对手的攻击而出现危机，高远球滞空时间长，可以使自己有时间迅速归位。此外，由于高远球多落在底线附近，可以增加对手的跑动，以消耗其体力，在使击出的球有一定的高度的同时，还要注意增加球的变化。

（1）注意变化球的飞行距离，要注意控制击球的力量，把球打到想要打到的地方，击球动作、球路步法等都要不同地变化。

（2）利用拍面角度的变化，打出搓、削性质的高远球。

（3）利用假动作将球打到对手意想不到的方向或地方，在打没有威力的反手击球或步法移动没跟上时，也可使用假动作来迷惑对手，发现、打击对手的薄弱点。

（4）回球必须又高又远，迫使对手跑动接球，从中寻找得分的机会，对不擅长打高远球或头顶击球的对手，有意迫使其打高远球。

三、身后高球

过顶高远球是一种最有效的摆脱危机的击球方法，与一般的高远球相比，它的飞行路线更高，在应用时要注意以下方面。

（1）由于在击打过顶高远球时，身体多处于被动状态，因此要注意保持击球点的高度，利用手腕的力量，确保球击出的高度。

（2）如果仅注意球的飞行高度，而球的飞行距离不够的话，就会给对手扣球的机会，因此要把球打到后发球线到底线之间的位置上。

（3）如果时间允许的话，击球动作要果断有力；如果不行，也要利用手腕的力量，保持球击出的威力。球的飞行距离与速度有很大的关系，距离和速度不足的球，会给对手反击的机会。

（4）与击打一般的高远球一样，不同的拍面角度可以使球产生不同的变化，要注意使用肘部的方法。

（5）飞行距离较长的高远球，比较难以直接得分，特别是为了摆脱困境的过顶高远球，直接得分更是困难，唯一的办法就是打出压线球，使对手在判断球是否出界上出现失误，这就要看控制球的能力了。

（6）过顶高远球独特的用途就是摆脱危机，让对手处于困境，而使自己转为主动，因此即使在被动的状态中，也要注意发现对手的薄弱点。

（7）把球打到对手场地的两个角，以最大限度地消耗对手的体力。

当被对手逼到只能打过顶高远球时，对手可能会比较得意，但如果此时能把球顽强地回过去，往往就会使对手处于不利的状态。比赛中的取胜一方，很多时候是那些回球能力强的选手，关键是在任何时候都不能丧失斗志。

四、杀球

要迅速判断出是否可以对来球进行扣杀，任何犹豫都有可能造成杀球在高度、距离、速度、落点等方面的失误。在比赛中，除了运动员本人之外，看台上的观众往往也会很容易地预料到"下面将要出现扣球"。但是，杀球本身除了能给人一种痛快的感觉外，也包含着他人难以了解的难点。说起来大致有以下几点。

（1）预测适当的扣球点。

（2）击球时要用球拍的正面用力击球。

（3）如果能做到第2点的要求，扣出的球必然有速度，如果没有速度，扣杀的威力也会减半。

（4）有了力量和速度，球就会直线飞出。

（5）杀出的球要使对手心理上有压力。

（6）连续地杀球，其威力会减半。

（7）即使对可以扣杀的球也不能急躁，要冷静地进行处理。

（8）不要提前挥拍过急，以免出现失误。

（9）不要触网、空挥（没击到球）和出界。

五、吊球

与扣球不同，吊球是细腻而优美的，但是在这种表面上显得温柔、无力的击球方式背后，同样隐藏着巨大杀伤力，使用扣球、高远球的效果与吊球不一样，前者可以让对手觉得输得心服口服，而后者却让人觉得输得窝窝囊囊。

控制球是吊球成功的关键，与其他打法相比，吊球更强调对球的控制。

六、平抽球

平抽球比扣球更有速度感，特别是在双打时，双方打出的平抽球很多时候连喘息的机会都没有，由于平抽球是典型的前场快攻球，所以没有时间让人有意识地边思考边打球，最好的办法是靠神经反射来处理这类球。以平抽球回应对手的平抽球，迫使对手改打高远球，因为侧击的高远球虽然有一定速度，但威力却不是特别大，来球路线也容易判断。

在比赛中，有意识地打出的平抽球的时候很少，最常见的是突发的连续对打平抽球，如果过多地考虑如何用力或击球的路线，球的威力就有可能减弱，最好是靠判断力与勇气处理球。平抽球的速度之快令人没有时间考虑把球打向何处，如果能控制击球路线，就把球打向对手的身体，把球打向对手的耳边和肩膀周围最有效，因为这样的球会迫使对手无意识地躲闪，造成挥拍击球困难，或利用平抽球造成对方慌乱，从而出现击球失误。

七、搓球

与吊球一样，搓球也是利用羽毛球特有的飞行特点攻击对手的击球手段，它是在对方疏忽或毫无戒备的情况下巧妙地发起进攻，能靠搓球直接得分的运动员现在还不多，这可能是因为目前的比赛都比较重视力量和速度的缘故，但是在这种情况下，能打出轻重缓急不同搓球或削球的选手就越有发挥的余地。

搓球的价值就在于看起来像是在挑高球，但球过网后却突然下落，所以如果没有隐蔽性，搓球的效果就会减半。

八、削球

削球的要领与搓球大致相同,即在击球之前绝不让对手觉察到你的意图,在规则允许的范围内,最大限度地使用假动作,削球和搓球、吊球一样,都属于需要技巧的技术。当比赛出现僵持或形成某种固定的模式或速度时,可率先使用削球等手段争取主动,无论是削球、搓球还是吊球,很多时候是在边玩边学中掌握的,但这种边玩边学的学习方法,是要建立在扎实的基本功之上的。

削球和搓球一样,如果不能充分地利用假动作迷惑对手就不会收到好的效果,假动作的方法,有些可以自然地掌握,也有的则要通过练习才能掌握。

九、有效击球

(一)有效击球

有些击球可以直接得分,有些击球尽管不能直接得分,但也是与得分密切相关的,这些都属于"有效的击球"。依靠自己的攻击而得分时,要做到以下几点。

(1)要把球打到对手无法回球的地方。

(2)迫使对手离开自己的习惯站位,把球打到对手防守薄弱的地方。

(3)要抓住对方最薄弱的环节。

(4)要掌握调动对手的主动权。

(二)有效得分

如果做到了这些,就有可能直接得分,当然仅靠一击就直接得分是不太容易的,还要做好二次进攻的准备。在二次进攻时,要做到以下几点。

(1)迫使对手的身体失去平衡。

(2)破坏对方控制球的能力。

(3)迫使对手回出无威力的球,以创造自己进攻的机会。

得分没有固定的模式和手段,是依靠进攻的力量打败对手,还是依靠逐步消磨对手的体力、精神来获得胜利,要根据双方的技术、精神、体力而定,具体采取什么对策要靠运动员的判断,运用头脑才是取胜的关键,不断地变化发球首先要对是发长球还是短球、是要速度还是落点、是发正手球还是反手球等迅速做出决定,要不断地变化发球的方法,但也不要因过于注意发球的变化而忽视了发球的成功率。如果失去了发球的成功率,不仅浪费了自己的权利,而且还会在心理上造成压力。

第三节　培养与提高运动员的战术意识

比赛的胜负,往往取决于技术、身体素质、战术和心理素质等的训练水平,以及在比赛中综合运用这些因素的竞技能力。一场比赛的胜负可能是某种因素起了主导作用,但是要想经常取胜,就需要不断努力训练,全面提高和完善各种制胜的因素。

一、技术要全面、熟练,并要有特长

无论是发球与接发球(包括高远球、平高球、网前球)还是后场的高、吊、杀,前场的搓、推、勾、扑、挑,以及中场的接杀、平抽手挡等,加上左右前后移动的步法,都要全面掌握,并能熟练运用,全面基本技术是基础,不应有明显的弱点,没有特别薄弱的技术漏洞,在熟练掌握各项技术的基础上,发展个人特长技术。

羽毛球技术的特点是手法一致性、灵活性、突变性强。许多技术动作在击球前的准备过程中是十分相似的,在击球的瞬间突然变换动作,使对方出乎意料,被假象迷惑陷于被动,反应不及而失误。就个人来说,通过长期精心刻苦的训练,是完全可以形成特长技术的,也就是个人的"绝招"。例如:杀劈对角的特长是与杀直线或平高直线相结合形成的;网前假动作勾对角是与网前推相结合形成的,等等。

如果发现对方手法上有较明显的弱点,便可以有针对性地制定应变的战术。例如:对于反拍及头顶手法差的对手,应多采用"重复攻反手后场区"为主的战术,迫使对方用其弱点打球;对于网前手法不凶、不稳、没威胁的对手,要以攻"前场区"为主的战术,多打吊劈球上网前,当对方打网前球时,尽量多打"重复搓和勾球"战术,大胆与对方斗网前球;对于后场手法不凶,平高、杀、劈没多大威胁的对手,要用"攻后场区"为主的战术,尽量多采用平高球或高远球控制对方后场区,伺机突击。

二、专项身体素质好是比赛制胜的重要保证

羽毛球运动的快、准、狠、稳、多变的技术和战术特点,决定了运动员在全面发展的身体素质基础上,要突出速度、速度力量(爆发力)和力量耐力等专项素质。在场上具体表现为:转体侧身和弯腰动作速度快,下肢各种步法的变换,重心的迅速交替协调,上手击球出手快,手腕、前臂及肩爆发力强等。

根据对手身体素质的优缺点可制定相应的战术,例如:①对付速度慢、突击能力较差但耐力好的对手,首先不能跟着对方的节奏打,而应采用"快速高吊突击进攻"为主的战术,破坏对方的节奏;②对付速度快、突击能力强但耐力差的对手,则要尽最大努力与对手周旋,多打几个回合,逼使对方暴露其耐力差的弱点,伺机反击;③对付身材高大,转体与步法不灵,但杀上网好的对手,首先要重视对方杀上网这一优点,当对方采用杀上网时,不但要能守得住,而且要以勾两对边角球来破坏其优势,抓住其转体与步法不灵的弱点。当我主动控制时,应采用打侧身转体的球路,杀劈、勾的球路克制对手。

在羽毛球的重量训练中,选手训练手部的重点往往在手臂与手腕,因此要练就强劲的球路,自非难事,然而由于球拍设计越来越轻,常会忽略掉指力与握力的重要性。一般在打球时,未击球状态下,手指是轻握球拍,保持拇指与食指的灵活性,只在击球时才用力,以保持拍面稳定性。

指握力的训练可以使用虎钳式握力器来做练习,或是做手腕来回挥动时握一些握柄较大的重物,这样除了能增加握拍的稳定性,且能在比赛中对快球及连续性的杀球迅速翻转拍面,大大降低挥拍不及的情形。因此指握力训练对欲打出质量佳球不可忽视。

三、战术意识好,应变能力强,才能掌握比赛主动权

战术意识是指运动员在千变万化的比赛过程中,能够准确地观察判断比赛场上的情况,并根据实际情况随机应变地准确地决定自己应如何行动的能力和同伴配合的能力。

运动员在训练和比赛过程中,要学会善于动脑筋、用心计、摸规律、求实效,要增强使用技术的目的性,明白在比赛中使用某种技术时应起到的作用。例如在后场获得主动权后,想要组织一次进攻,该打平高球而不能打高远球;又如当对方被逼失去中心位置,要加快速度,应该采用劈吊、劈杀技术而不应采用轻吊技术,还要增强动作的预见性和判断的准确性、敏捷性。例如,我方从后场正手击一进攻性平高球时,就要根据出球的速度、弧度和落点,以及对方移动情况,预见对方可能回什么球,使自己在下一动作之前已有所准备。当对方回击时,能够准确地判断来球的方向和落点,及时出现在那里,主动控制比赛局面。除此之外,还应该在出手动作上做文章,出手一瞬间要有变化,力求动作隐蔽些,打法诡诈些,虚虚实实,真真假假,去干扰对方的判断,造成对方的判断错误,使对方防不胜防。

四、情绪稳定、注重技法,保持最佳竞技状态

竞技体育项目不能脱离比赛,比赛是以争取最高运动成绩为目标,这是作为一名优秀运动员必须建立的信念。比赛是在一定的时间、空间里,在激烈的攻守对抗条件下进行的,它必然给运动员造成强大的生理和心理负担,运动员必须适应比赛的要求,提高比赛能力。

当通过一段艰苦的训练,迎来比赛的检验,运动员要充满自信心,只要认真地训练,定会有良性的回报。无论比分领先、落后,情绪始终要稳定,不急不躁,排除一切杂念和干扰,把注意力集中在技、战术的合理运用上,只要每次比赛都坚持这样做,就必定会赛一场进一步,迎来更多的胜利。

比赛切忌骄傲自大,麻痹轻敌;想赢怕输,紧张失常;急躁冒险,松懈泄气;只有认真地对待比赛的每个对手、每一分、每一球,坚持到底,才能取得胜利。

【回顾练习】

1. 羽毛球战术意识的假动作有哪些方面?
2. 羽毛球战术意识的场地位置是如何决定的?
3. 羽毛球战术意识中要如何注意高球和过顶高远球的变化?
4. 羽毛球战术意识中要如何注意杀球的线路变化?
5. 如何培养与提高运动员羽毛球战术意识?

【知识拓展】

战术案例解析

案例一:对手是一名进攻型选手,后场扣杀能力出众,但网前技巧不足,容易失误,容易回质量不高的球!

应对方案:针对这样的选手,他进攻好,你要动脑分析,什么样的回球,让他无法进攻,多打抽球,他就无法进攻,只能平挡,他后场扣杀强,那就少往后场打高球,他网前技巧欠缺,就要多和他拼网前!后场能力出众而网前能力不好的选手,不可怕,不给他进攻的机会,让他有力使不出,把握住网前的区域,给他制造麻烦,让他频繁失误,让他给你回质量不高的球,抓住时机进攻,你还怕战胜不了他吗?

案例二:对手偏瘦,杀球无力,体力不足,后场进攻差,但前网一手出神入化技巧,频繁晃动得你怀疑人生!

应对方案:没有力量,没有体力,后场进攻能力差,那就多攻其后场,这种选手,一般女士居多,要技术有技术,但力量和体力明显不占优势,和这种选手拼网前,没

有任何优势,但是打出一个对手的反手区高远球,会给他造成严重的威胁,本来力量不足,加上需要迅速后退,再用反手击球,不是不过网,就是刚过网,所以,对于这样的选手,多打后场,网前挑后方,中场和后场也打后方,别再抱侥幸心理打一个网前试试,就往后方招呼,战术很简单,但非常有效!

案例三:对手身材高大,前进速度快,后退速度快,弹跳力好,力量足,网前网后都能接能防,但灵活性差,侧身转体慢!

应对方案:这种人高马大的选手,看似速度快,力量足,但都有一个通病,就是不够灵活,针对两边的球路,侧身转体慢,挥拍慢,那就抓住其缺点,尽量少打中,打边线,打斜线,迫使对手频繁转体,尽管他前进和后退速度快,但当需要边侧身转体边移动的时候,他速度还会快吗?

羽毛球运动的身体素质训练

第五章

【思政要点】

贯彻党的二十大新发展理念,实践是认识发展的动力,实践是检验真理的唯一标准。大力弘扬中国特色体育活动,不断提升中国体育国际话语权。

【学习任务】

本章重点介绍羽毛球运动的身体素质训练,可以让读者深入地了解身体素质训练在羽毛球运动中的作用和意义,以及身体素质训练的基本原则和各项身体素质的具体影响因素。通过本章的学习可以让训练者在训练中建立一个更科学、明确的训练目标,使训练者在今后的羽毛球运动学习过程中,结合自身的实际情况有针对性地选择对身体的力量速度、耐力、灵敏、柔韧等素质的训练方法,进行科学、系统、全面的素质训练,提升个人身体素质的同时提升羽毛球运动的技术水准。

【学习目标】

1.了解身体素质训练在羽毛球运动中的作用和意义。
2.了解身体素质训练的基本原则。
3.了解各项身体素质的具体影响因素。
4.掌握身体素质训练的具体方法和内容。

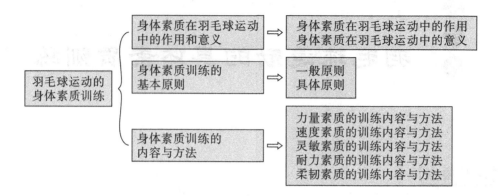

第一节　身体素质在羽毛球运动中的
作用和意义

　　身体素质是机体在中枢神经系统控制下,在运动时所表现出来的各种基本运动能力,通常包括力量、速度、耐力、灵敏、柔韧等素质。随着羽毛球运动不断向着攻防转换更全方位的完善与发展,运动员职责范围在扩大,比赛速度在加快,对抗程度也在不断加剧,这就对运动员的身体素质水平提出了更高的要求。良好的身体素质是运动员进行技术训练和战术训练的基础,对掌握羽毛球技术、战术,承担大强度、多数量的运动员负荷和激烈的比赛,不断提高运动成绩,防止伤病以及延长运动寿命,有着重要意义。因此在学习羽毛球运动的过程中通过不断加强对各项身体素质的科学训练,影响和促进学生的身体形态和机能的改善,从而提高学生的健康水平,为运动成绩的提高奠定良好基础。

一、身体素质在羽毛球运动中的作用

1. 动作协调性

　　羽毛球是一项需要快速移动和精确击球的运动。良好的身体素质可以提高身体的灵活性、平衡感和动作的协调性,从而更好地控制身体的姿势和动作。

2. 快速反应能力

　　羽毛球比赛中,球速非常快,需要运动员具备快速的反应能力。良好的身体素质可以提高运动员的神经反应速度和灵敏度,使其能够更快地做出正确的判断和反应。

3.肌肉力量和耐力

羽毛球比赛中需要频繁进行跑动、跳跃和击球等动作,因此良好的肌肉力量和耐力是保持良好体能的基础。较强的肌肉力量可以提高发力和击球的威力,而较好的耐力则可以延长运动员的持久力,减少疲劳程度。

4.心肺功能

羽毛球比赛属于高强度的有氧运动,需要良好的心肺功能来提供足够的氧气供应和排出体内的二氧化碳。良好的心肺功能可以提高运动员的耐力和持久力,使其能够保持较高的运动强度和稳定的表现。

5.防护能力

羽毛球比赛中,运动员可能会遭受到一些意外伤害,如扭伤、拉伤等。良好的身体素质可以增强运动员的肌肉、韧带和骨骼的强度和稳定性,从而减少运动伤害的发生概率。

综上所述,良好的身体素质在羽毛球运动中不仅可以提高运动表现和竞技水平,同时也有助于保护运动员的身体健康,并提升对抗风险的能力。因此,通过系统的体能训练和合理的饮食调整,可以提升身体素质,为羽毛球运动的发展打下坚实的基础。

二、身体素质在羽毛球运动中的意义

1.身体素质是选手承担激烈训练与比赛的基础

羽毛球运动的快速、灵活、对抗激烈变化多端等特点,决定了选手良好的身体素质是承担大负荷训练和激烈比赛的基础。运动项目特点不同,对选手身体素质能力要求也不同。羽毛球运动速度快,竞争激烈,选手控制场地面积大,训练和比赛的负荷也很大。据统计,在一场历时两个小时的高水平羽毛球比赛中,选手必须在攻与守、控制与反控制对抗中,忽左忽右、忽前忽后地完成各种急停、起动、移动、跨跳、挥臂击球等快速动作千余次。选手在运动中速度的快慢、力量的大小、耐力和灵敏等素质的好坏,都直接影响着运动成绩的优劣。双方选手长时间内快速、多变、大负荷地对抗,对身体素质能力要求极高。

2.身体素质是提高运动技术、战术水平的基础

身体素质是提高、发挥和保持竞技能力的先决条件。羽毛球技术、战术水平的高低与身体素质的强弱有着密切关系,选手身体素质好,有利于掌握复杂先进的技术、战术。相反,如果身体素质差,那么即使具备一定的技术、战术能力,其发展也会受制于体能素质而不能充分施展娴熟的技术、战术。实践经验表明,技术、战术水平与专项身体素质水平是成正比的,技术、战术水平高的选手,通常也具备相应高的专项身体素质能力。专项身体素质能力越好,越能推进技

术、战术的提高。相反,如果上下肢不协调,技术、战术水平就会较低。

3.身体素质对防范运动损伤与延长运动寿命的积极作用和意义

羽毛球运动项目的特点决定了选手机体在训练和比赛中要承担极大的运动负荷。通常身体在负荷后出现疲劳,其薄弱部位就容易受到损伤,从而影响运动寿命。加强身体素质训练,提高身体素质水平,增强抗疲劳能力,就能减少和防范运动损伤的发生。

身体素质的提高是靠机体形态改变和机能提高来实现的,选手在训练过程中承受负荷越大,身体素质训练水平越高,身体结构改变就越深刻,身体突破极限程度也越大。选手身体素质越强,运动机能水平也就越高,保持专项技战术运动能力的时间也就越长。加强抗疲劳程度,能有效避免和减少运动性损伤的发生。

4.身体素质训练过程是培养选手顽强意志力的重要途径

身体素质训练是向极限挑战的过程,也是一个异常艰苦的过程。一方面训练负荷大,需要有极强的毅力来战胜自我,克服身体的惰性,经受运动极限冲击;另一方面身体训练往往比较单调、枯燥无味,与其他训练相比,选手往往会有"畏惧"心理。因此,身体素质训练是锻炼和增强选手意志力的一种重要手段,通过艰苦训练,能够多增强和提高各项运动素质,同时还能培养选手在训练和比赛场上不怕苦、不怕累、勇猛顽强、百折不挠、迎难而上的意志品质。

5.良好的身体素质是选手树立胜利信心的重要保证

由于训练方法、手段不断改进和完善,选手身体素质水平全面提高,技术、战术越来越完善,对抗速度也越来越快,促使现代羽毛球运动竞技水平向着越来越高的方向发展。高水平选手的技术、战术全面,几乎没有明显的弱点,比赛中仅靠两拍就轻易击破对手防线的情形已经不复存在,每一分球的争夺都非常艰苦,如果选手没有良好的身体素质做保障,体力跟不上技术的需要,在场上经不住多拍的调动与抗争考验,就会因体力不支而失去与对手周旋和对抗的信心,产生急躁情绪,主动失误增多,出现不攻自破的局面。如果训练有素,有充足的体能保障,就有耐心、有决心、有能力与对手周旋到底。

第二节　身体素质训练的基本原则

一、一般原则

羽毛球运动身体素质的一般原则是人们对身体素质客观规律的认识与反

映,是身体素质训练实践普遍规律和基本经验的概括与总结。具体来说,主要应坚持以下几个原则。

1. 从实际出发原则

从实际出发的原则是指训练应从学生的实际情况出发,在身体素质训练的安排上,要因人、因时不同,确定锻炼目的,选择适宜的运动项目,合理地安排运动时间和运动负荷。从实际出发原则要求身体素质训练要有针对性,要紧紧围绕提高专项成绩和技术水平这一最终目标进行,使学生的身体素质得到平衡发展,以适应提高运动技术水平的要求。

2. 全面锻炼原则

全面锻炼原则是指通过体育训练,改善身体形态、机能,提高身体素质,促进人体的全面发展。

全面锻炼原则的主要依据有以下三点:首先,全面发展的运动素质和全面提高的身体机能能力是达到高水平专项运动技术水平的基本前提和基础。其次,人体各器官系统之间是相互依赖、相互依存的,发展运动素质要求人体若干系统的同时介入,因此在训练初期,必须采用正确的全面发展运动素质的方法,使人的身体素质得到高水平的全面发展。最后,必须在早期训练阶段全面提高运动素质,才能取得高水平的运动成绩。

3. 循序渐进原则

循序渐进原则主要是指在安排锻炼内容、难度、时间及负荷等方面要有计划、有步骤地逐步提高要求。增强体质的过程是有序的、逐步的,因为人体生理机能对外界环境的变化,有一个逐步适应的过程,这个过程就是人体的能力适应各种环境变化的提高过程。

4. 适宜负荷原则

负荷一般包括负荷量与负荷强度。负荷量往往以练习的次数、时间、距离、重量来表示;负荷强度往常以练习的速度、负重量、密度、难度或一定的速度、负重量、密度、难度的练习占总练习的百分比来表示。合理地安排适宜的运动量,有利于促进技、战术水平和身体素质的提高。这一原则的理论根据是"超量恢复",负荷适宜,在疲劳消除、身体恢复后可使机能得到提高。

5. 持之以恒原则

身体训练要有连续性和系统性,坚持常年的体育训练、才能使体质不断增强,提高运动技术水平。坚持这一原则要求对整个训练过程系统规划、在内容、比重、手段、负荷等方面应做出系统安排,尤其是在学生时期以及达到高水平成绩之后,更应周密考虑。

二、具体原则

1. 力量素质是身体素质训练的核心

由于人体一切运动都是肌肉在神经系统支配下的工作（收缩与放松）所致，因此肌肉力量的大小不仅对运动成绩起着重要的主导作用，而且直接影响着其他各项运动素质的发展与提高。为此，在身体素质训练中，应始终将力量训练作为最重要的核心内容来加以重视和进行。

首先，注意选择合理、正确的练习方法和手段，不仅要使大肌肉群和主要肌肉群得到训练，而且还要注重小肌肉群和远端肌肉群的发展，使它们得到同步和协调发展。其次，力量训练还要注意循序渐进，长期系统化、一曝十寒无法取得理想的训练效果。最后，在全面发展的基础上，要根据羽毛球的专项特点，有针对性地发展专项所需要的力量素质。

2. 速度素质是身体素质训练的灵魂

羽毛球运动对于速度素质要求很高，因此速度能力的提高是羽毛球健身者身体素质训练内容中的重中之重。

首先，速度是受多种因素影响的一种综合能力的体现，在进行速度训练的同时，要注意多种能力的培养，如力量、爆发力、协调性甚至是心理训练等。其次，速度训练对人体神经和肌肉系统的灵活性要求很高，刺激强度也较大，因此在训练中，要遵循合理安排练习时间和负荷的原则。最后，由于动作结构不同的练习所获得的速度不会向专项中转移，因此在训练中，一定要根据项目特点和技术动作要求，采取有针对性的方法。

3. 灵敏与协调能力是身体素质训练的保证

灵敏与协调能力对各种运动技能的形成与发展起着重要的支配作用，是健身运动爱好者迅速、准确、省力、流畅地掌握和完成各种运动技能的基本能力和保障。灵敏协调性练习对健身运动爱好者的兴奋性、神经系统要求较高，一般不宜放在大运动量的训练后进行，练习的次数和时间也不宜过多、过长，并应保证足够的间歇时间，否则会影响训练效果。此外，训练方法要灵活多样，注意其调节性、娱乐性和趣味性。

4. 耐力素质是身体素质训练的基础

疲劳是影响和限制运动成绩的因素之一，任何运动项目都要求运动者具有相应的耐力素质，并将它作为训练中一种基本的要素来抓。不同的项目对耐力的需求有所不同，训练的内容与方法也要有所区别，从事羽毛球运动，要根据羽毛球运动项目的特征来达到所需要的训练效果。

第三节　身体素质训练的内容与方法

一、力量素质的训练内容与方法

力量是指肌肉工作时克服阻力的能力。从生理学角度讲,它是运动员肌肉收缩程度的反应。人体所有的活动都是对抗阻力产生的,体育运动较之日常活动要对抗更强的阻力,因此,力量是决定运动水平的重要因素。羽毛球运动所需要的弹跳力、速度、爆发力、快速移动以及耐力都是以力量为基础的,因此,发展力量能力对于提升羽毛球运动水平具极其重要的意义。

（一）力量素质的类型

羽毛球运动员需要发展的力量包括一般力量、爆发力和力量耐力3种。

（1）一般力量是爆发力和力量耐力的基础,发展一般力量以采取大负荷、少次数、多组数的练习方法为主。

（2）爆发力又称速度力量,它是在尽可能短的时间里发挥出尽可能大的力量的能力。发展爆发力通常有两种方法,一是用近极限的负荷而重复较少次数的练习方法,二是用小负荷但运动速度较快的练习方法。

（3）力量耐力是在一段时间内反复承受某一负荷的能力。它对于在长时间的比赛中保持良好的体能、取得良好的比赛成绩,对于坚持较长时间的训练都有重要的意义。通常采用负荷小而重复次数多的练习方法来发展力量耐力。

（二）影响力量的因素

1. 肌肉的横断面积

横断面积越大的肌肉力量越大,横断面积的增大是由于训练引起的肌纤维变粗。羽毛球运动员需要在场上完成快速地移动以及起跳扣球,因此需要较大的绝对力量和相对力量,所以下肢就需要较大的横断面积。

2. 神经系统的协调能力

参加工作的主动肌、协同肌及对抗肌的协调能力主要依靠神经系统的协调能力来进行调节。除了肌肉间的协调关系外,还有主动肌本身的"内协调能力"对力量也有较大影响。所谓"内协调能力"就是肌肉收缩时动员"运动单位"参加工作的能力,这在很大程度上取决于训练水平。据研究表明,训练水平高的运动员在运动时可动员80%~90%的"运动单位"参加工作,而一般人只能动员40%左右。

3.骨杠杆的机械率

它取决于肌肉群的牵拉角度、每个杠杆阻力臂和动力臂的相对长度。合理的机械率是由各部肌肉协调用力和正确的技术动作来体现。

4.肌纤维的类型

人体不同肌纤维类型在肌肉中的比例直接影响肌肉的力量表现。快肌纤维收缩速度快,肌肉中快肌纤维比例高,则表现为肌肉的速度力量占优势,而慢肌纤维比例高则表现为肌肉的力量耐力占优势。

5.肌纤维收缩时的初长度

肌纤维收缩时的初长度极大地影响着肌肉最大力量的发挥。一般肌纤维在适度拉长的状态下,粗肌丝上的横桥与细肌丝上的肌动蛋白结合的数量最多,表现出在其他相同条件下肌肉能发挥出最大的力量。除此以外,肌纤维收缩前长度过短或过长均会导致粗肌丝上的横桥与细肌丝上的肌动蛋白结合的数量减少,影响肌肉最大力量的发挥。

6.内脏器官机能

有氧代谢能力与力量耐力有着密切联系。

(三)训练的内容与方法

1.上肢力量练习

简单地说是为了提高挥拍击球的力量和挥拍击球的速度,使出手击球凶狠,给对方以威胁。

（1）哑铃练习

1）坐姿交替弯举(图 5-1):4 组,每组 10～12 次。坐凳子上,手持哑铃,以肘关节为轴,做屈前臂动作,两臂交替,反复练习。

图 5-1　哑铃练习

2）单臂哑铃颈后屈伸（图5-2）：4组，每组10～12次。两脚左右开立，两手正握哑铃，两臂上举后屈肘将哑铃置于肩后，做向前上伸臂动作（类似挥拍动作），反复练习。

图5-2　单臂哑铃颈后屈伸

3）前臂屈伸（图5-3）：4组，每组10～12次。两脚稍开立，两手持哑铃置腿旁，以肘关节为轴，做前臂屈伸动作，反复练习。

图5-3　前臂屈伸

4）侧平举（图5-4）：4组，每组10～12次。两脚左右开立，两手握哑铃置于体侧，两臂直臂缓慢侧平举，然后缓慢回至膝旁，反复练习。

图5-4　侧平举

（2）徒手练习

1）俯卧撑（图5-5）：3组，每组15～20个（间歇30秒）。双手与肩膀平行自然垂直与地面成90°，身体呈倾斜状，肩膀位置较高，臀部到小腿要呈直线，不能弯曲，腰腹部肌肉收力保持下半身平衡，最后脚尖撑起。下去时候吸气，上来时候呼气，反复练习。

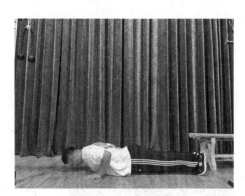

图5-5　俯卧撑

2）引体向上：2组，每组6～8个。在单杠上自然悬垂，配合手臂力量将身体向上拉，拉的过程中挺胸，两肩后阔，使背部肌肉尽力收缩，有挺胸去触碰单杠的感觉上拉到下巴超过单杠后放松肌肉下放，如此反复。

3）支撑爬行（图5-6）：4组，每组2～4趟，练习者的两腿由同伴的抬起，成两臂支撑姿势，做向前爬行的动作，两人交换，反复练习。

4）支撑俯卧撑（图5-7）：4组，每组10～12次练习者的两腿由同伴抬着做俯卧撑。两人交换进行练习。

5)两人拉肩(图5-8):两人背靠背站立,两臂上举,互握手,各自向前迈一步,挺胸成背弓,复原姿势,反复练习。

图5-6　支撑爬行

图5-7　支撑俯卧撑

图5-8　两人拉肩

(3)橡皮筋练习

1)颈后臂屈伸(图5-9):4组,每组10~12次。两脚前后站立(左前右后),右臂屈肘,前臂置于颈后,右手握固定的橡皮筋的一端,做向前挥拍动作,反复练习。

2)双臂前摆(图5-10):4组,每组10~12次。两脚左右开立,两手握橡皮筋,从肩后向前做摆臂动作,反复练习。

图5-9　颈后臂屈伸

图 5-10　双臂前摆

3）前臂屈伸（图 5-11）：4 组，每组 10～12 次。两脚左右开立，脚踩橡皮筋，两手握橡皮筋，两臂屈肘置于体侧，做前臂屈伸动作，反复练习。

图 5-11　前臂屈伸

（4）实心球练习

1）双手向前掷球（图 5-12）：4 组，每组 10～12 次。两脚前后开立，左腿在前稍屈膝，上体稍后仰，两手持球于头后上方，做向前送髋、挺胸、振臂向前掷球的动作，反复练习。

2）单手投掷球（图 5-13）：4 组，每组 10～12 次。两脚左右开立，右手持球于肩后上方，右腿稍后撤并屈膝，向右转体成左侧对投掷方向，然后向前做投掷动作，反复练习。

图 5-12　双手向前掷球

图 5-13　单手投掷球

2.腰腹力量练习

（1）杠铃练习

1）体侧屈（图5-14）:4组,每组10~15次。两脚左右开立,肩负杠铃,两臂侧举,手扶杠铃横杠,向左右侧做屈体动作,反复练习。

图 5-14　体侧屈

2）体前屈（图5-15）:4组,每组8~12次。两脚左右开立,肩负杠铃,两手握杠铃横杠,做体前屈动作,反复练习。

图5-15 体前屈

（2）双人转体球练习（图5-16）：4组，每组10～15次。两人背靠背站立，相距适当距离，一人手持实心球，接着两人同时向左、向右转体传递实心球。两侧交替进行，反复练习。

图5-16 双人转体传球

（3）高台仰卧起坐（图5-17）：4组，每组10～15个。仰卧在高台上，头在台外，两脚由同伴压住，两手持杠铃片放在颈后，做仰卧起坐动作，反复练习。

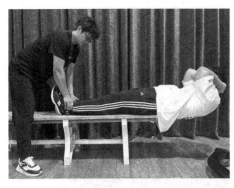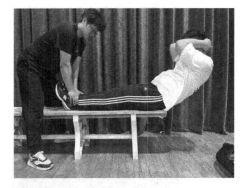

图 5-17　高台仰卧起坐

（4）平板支撑（图 5-18）：4 组，每组 30～120 秒。肘关节和肩关节与身体都要保持直角。在地面上进入俯卧姿势，用你的脚趾和你的前臂支撑你的体重。手臂成弯曲状，并置放在肩膀下。任何时候都保持身体挺直，并尽可能最长时间保持这个位置。

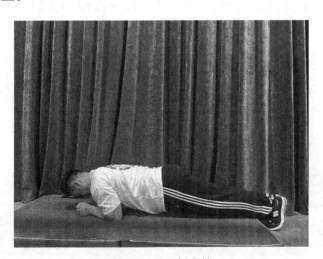

图 5-18　平板支撑

3. 下肢力量练习

（1）杠铃练习

1）杠铃负重深蹲（图 5-19）：4 组，每组 8～10 次，双脚即分开与肩同宽，双膝向前，腰背挺直，上身正直，保证直起直落，千万不要弯腰弓背。

图5-19　杠铃负重深蹲

2）单足（或双脚）提踵练习（图5-20）：4组，每组10~15次，脚跟悬空，做的时候提脚跟，上提动作要快，下落要慢，充分拉伸小腿后面的肌肉群，反复练习。

图5-20　单足（或双脚）提踵练习

3）负重弓箭步走（图5-21）：4组，每组15~20步。肩负杠铃，向前迈出一步，身体下蹲至前大腿与地面平行，后腿用力蹬起向前迈出下一步。上身始终保持正直，不要前倾或后仰，形成弓箭步时后脚跟要抬起，步子不要太大，如此反复练习。

图 5-21　负重弓箭步走

4）负重深蹲后跳起（图 5-22）：4 组，每组 8 ~ 12 次。肩负杠铃深蹲后向上跳起，反复练习。

图 5-22　负重深蹲后跳起

（2）台阶练习

1）快速跑台阶：4 组，每组 4 ~ 6 趟。

2）双脚连续跳 2 ~ 3 个台阶（图 5-23）：4 组，每组 2 ~ 4 趟。

图5-23　台阶练习

（3）跳绳练习

1）快速单/双脚跳绳（图5-24）：4组，每组50～100个。两手握绳的两端，绳由体后向前摇，到提前单脚迅速起跳至绳通过，如此反复。注意要用前脚掌起跳和落地，不能用全脚或脚跟，以免脑部受到震动，呼气要自然有节奏。

图5-24　快速单/双脚跳

2）快速交叉跳：4组，每组50～100个。两手握绳的两端，绳由体后前摇，当绳摇到前上方时，两臂迅速体前交叉，同时向后快速抖腕（前臂外旋），两脚立即跳起，绳通过再摇至头上方时交叉两臂还原，用同样方法连续跳。

3）快速双摇跳：4组，每组15～20个。双脚跳起一次双手迅速前摇绳绕体两周。注意，两脚掌蹬地发力，跳起一定高度时，提膝、收腹、稍含胸，大臂下垂，尽量贴近身体，双手以手腕发力为主。

（4）斜坡跑道练习

1）上坡跑 60 米，进行 3 ~ 5 组，间歇 2 ~ 3 分钟，采用走或慢跑的方法休息，待心率恢复到 120 左右进行下一次训练。

2）下坡跑 60 米，进行 3 ~ 5 组，间歇 2 ~ 3 分钟，采用走或慢跑的方法休息，待心率恢复到 120 左右进行下一次训练。

3）上坡跨步跳 60 米加下坡放松跑 60 米练习，进行 3 ~ 5 组，间歇 2 ~ 3 分钟，采用走或慢跑的方法休息，待心率恢复到 120 左右进行下一次训练。

4）上坡深蹲跳 30 米，进行 3 ~ 5 组，间歇 2 ~ 3 分钟，采用走或慢跑的方法休息，待心率恢复到 120 左右进行下一次训练。

（四）羽毛球运动力量素质训练的意事项

（1）练习前要做好准备活动，对练习手段要正确选用，符合锻炼肌肉群的目的。练习的重量要由轻到重，练习的速度要由慢到快。

（2）应根据自己的实际情况选择合适的符合进行羽毛球力量素质的练习，同时，无论选用什么样的负荷，都要遵循由小到大的原则，切勿突然增大运动负荷造成伤害事故。

（3）在进行羽毛球力量素质的练习时，应重视身体各个部位的锻炼，全面发展各个部位力量。如上肢、躯干（腹肌、背肌、腰部两侧肌肉）、下肢的力量等。

（4）羽毛球力量训练可以采用隔日力量练习，并且身体各部位要交替练习，或各种动作交替进行练习，效果会更理想。如果每天都进行力量练习，不仅提高肌肉力量的效果不明显，而且会造成整体机能的不协调发展。

（5）要符合循序渐进的原则，要注意重量和组数、次数的递增，练习一定的重量，增加次数和组数；增加重量，再增加次数和组数，循环往复，不断提高力量水平。

（6）训练要持之以恒，如果停止练习，已经获得的肌肉力量也会逐渐消失。肌肉力量消失的速度相当于获得肌肉力量速度的 1/3，为了保持已获得的肌肉力量，可每周进行一次力量练习，就能保持已获得的力量水平。

（7）力量训练的手段应力求与专项动作紧密结合，因为发展力量素质要与技术、战术相结合，所以所采用的力量训练手段必须力求与羽毛球运动的动作结构、用力方向、参与肌肉及其关节角度等一致。例如羽毛球上肢力量训练，除了发展一般肩带部位的肌肉力量以外，主要应考虑提高与挥拍有关动作的爆发力，并研究动作的用力方向而采取相应的训练手段。如在采用哑铃、杠铃、拉力器、杠铃片做颈后举时，应特别注意后举的动作应与挥拍动作相似，这样对提高突击杀球、大力杀球才有用；又如在进行下肢力量训练时，除了以一般力量训练提高股四头肌群的力量外，主要应考虑提高蹬、跳、跨的能力，要根据羽毛球运动技术中移动的特点而采取相应手段，使之有利于发展下肢专项力量。

二、速度素质的训练内容与方法

(一)速度的含义及种类

速度是指单位时间内完成某个动作或移动某段距离的能力。羽毛球比赛是以适应迅速运动着的对手和飞速运动着的球为特点的,因而速度是羽毛球运动员体能的重要方面。

速度可分为反应速度、动作速度和移动速度,羽毛球运动员需要判断场上变化情况,观察球的运行,需要反应速度,完成击球动作需要动作速度,抢占有利位置或争取最佳空间需要移动速度。离开了速度,羽毛球运动中的"快、准、狠、活"的技术风格就难以体现,所以提高速度素质是很重要的训练任务。

1. 反应速度

羽毛球运动员的反应速度是对羽毛球场上由于双方队员行动的变化和球飞行的位置、速度的变化所产生的迅速应答能力,这种能力通常以"综合反应时"来反映。

反应速度具有先天的因素,通过训练加以提高是有限的,而且有随年龄增长而减慢的趋势,由于羽毛球运动信号感十分强烈,对反应速度要求很高,故应早期加强训练。

2. 动作速度

在羽毛球场上完成各种击球动作的速度就是动作速度。动作速度主要是克服运动员本身体重,阻力比较小,所需力量也比较小,主要是肌肉间的协调能力起作用。

羽毛球运动对运动员的动作速度要求很高,据测定,男子扣球速度最快已超过 30 米/秒,女子已超过 20 米/秒,没有相应的挥臂速度是达不到这么快的扣球速度的。

3. 移动速度

单位时间内身体移动的距离就是移动速度。在羽毛球场上由移动和跑动步伐等速度表现出来。

移动速度的快慢除了取决于协调性之外,还与克服较大身体惯性的能力有关。比如运动员从静止状态到迅速移动,或从移动到静止状态。

(二)影响速度的主要因素

1. 神经过程的灵活性

运动神经中枢兴奋与抑制的转换速度,即神经过程的灵活性。身体运动是靠肌肉的收缩与舒张实现的,而肌肉是由神经支配的。因此神经过程的灵活性好,反应速度就快;反之则速度就慢。

2. 肌肉的类型和肌肉活动的协调性

生理学研究表明,白肌纤成分较多的人适宜于速度性项目,这是由白肌纤维的生理、生化特点(如 ATP 的含量及其分解与再合成的速度、神经冲动的传导速度等)决定的。肌肉各群之间协调性的改善可以提高活动速度,因为肌群的协调配合使群之间的阻力减少从而提高肌肉活动的速度。关节的灵活性、对抗肌的拉长能力也有助于速度素质的提高。

3. 与爆发力的关系密切

爆发力的水平与速度密切相关,发展这些素质才能有效提高速度素质水平。

(三)羽毛球运动速度素质训练的特点

实践表明,力量素质和速度素质之间存在着转移规律,力量素质对速度素质的提高起着决定性的作用,不同性质的力量训练将产生不同性质的速度素质。

因此,在进行羽毛球速度素质训练时,要将速度训练与力量训练结合起来进行,要依据专项特征和个人的运动特点,以优先发展健身者优势的竞技因素,逐步加大与专项技术动作结构一致的力量训练内容,选择有效的训练手段组成最佳的训练方法。

(四)羽毛球运动速度素质训练的要求

(1)各项身体素质训练相结合时应注意:最大速度与爆发力量和速度力量相结合;速度耐力与速度力量相结合;改进技术训练与最大力量和爆发力量相结合;提高专项运动能力与专项力量和速度力量相结合。

(2)在进行羽毛球速度素质的训练时,不宜在身体疲劳时进行,一般应安排在课的前半部进行。

(3)选用练习的动作,应是可用最高速度完成的。

(4)练习的持续时间不应超过 30 秒。练习次数不宜过多,练习时间不宜过长,以防因机体疲劳导致反应变慢、动作速度变慢,妨碍速度素质的发展与提高。

(5)羽毛球速度素质训练应与灵敏素质的训练相结合,以便取得较好的训练效果。

(五)羽毛球运动速度素质训练的方法

1. 反应速度练习

(1)听口令起跑:站立、蹲下、趴下、平躺,听到口令后马上起跑。

（2）听口令变向跑：在快速移动中听到口令快速做出变向并冲刺跑。

（3）听口令转身跑：背向起跑线站姿、蹲下或坐下听到口令后快速转身冲刺跑。

（4）听信号做动作：如教练员喊出1、2、3、4中的某个数字，运动员应快速做出相应动作。

（5）在跑动过程中，根据训练同伴发出的信号，迅速做出相应动作，如急起、急停、侧身步、跨步、交叉步等。

（6）用多球做接发球练习：根据对方发球动作，迅速判断旋转性质和落点，然后做出反应和动作。

（7）两个人用多球在同一方位交替发球，另一人在对面练习接发球。

2.移动速度训练

移动速度是指在最短时间内，通过步法移动迅速到达击球位置的能力提高专项移动速度，移动速度的训练应尽量结合打羽毛球的步法特点进行练习。

（1）左右移动的步法练习，30秒~1分钟为一组。

（2）左右跨跳练习，30秒~1分钟为一组。

（3）网前步法练习，30秒~1分钟为一组。

（4）交叉步移动练习，30秒~1分钟为一组。

（5）后场球步法练习，30秒~1分钟为一组。

（6）用多球练习提高步伐移动速度。

3.动作速度训练

（1）采用领跑、助跑和音响、灯光等信号发出速度感觉指令，以提高动作速度的练习，如用音响或灯光信号发出速度感觉指令，可提供更快的动作节奏，提高动作的速度。

（2）在限定的时间内，要求健身者用最高速度或频率完成练习的动作。如20~30秒内，用右手持拍在发球线启动快速触碰两角球网的练习。

（3）变换各种形式和方向的快速跑或其他动作的练习、如立卧撑，十字变向跑，各种躲闪、急停、迅速转体等练习。

（4）利用器械重量变化后的后效作用进行练习。实验证明，在完成负重的类似动作影响下，可以使下一次练习的动作速度暂时得到提高。如先用铁拍做挥拍练习，再用正规球拍做挥拍练习。

（5）各种利于发展速度的游戏。如二人对面站立，先将左手置于身后，发令开始后，设法用自己右手摸对方后背，摸中1次得1分，得分多者为胜。

（六）羽毛球运动速度素质训练的注意事项

（1）在进行羽毛球速度素质的训练时，不宜在身体疲劳时进行，应在练习者兴奋性高、精力充沛、运动欲望强的情况下进行，安排在每次课的前半部为宜。

同时,要注意练习的质量,不要片面追求练习量的大小。

（2）羽毛球速度素质的发展是一个复杂的结合过程,只有把速度练习同快速力量、爆发力、灵敏、协调等素质结合起来才能取得较好的效果。

（3）练习的持续时间不应超过20～30秒。练习次数不宜过多,练习时间不宜过长,以防因机体疲劳导致反应变慢、动作速度变慢,妨碍速度素质的发展与提高。

（4）用负重法做专门性动作速度练习时,重物的重量应比发展单纯力量或速度力量时小,当采用专项动作本身作为练习手段时,一般不宜负重。

（5）进行专项身体训练时,练习的动作结构应与专项技术动作相似。

（6）安排好练习的间歇时间和休息方式,应使健身者机体相对得到完全恢复,以保障下次练习以高能物质供能。

（7）羽毛球速度素质的练习手段和安排方法,既要注意相对集中,又要防止过分单调,要注意用多种节奏和频率进行练习,应多采用逐渐加速和可以控制的速度来进行练习。

三、灵敏素质的训练内容与方法

灵敏素质指在各种突然变换信号刺激的条件下,羽毛球运动员能迅速、准确并协调地改变身体运动的能力、它要求运动员必须具备很好的判断能力和反应速度,要求运动员随机做出的应答动作必须在时间、空间及用力特征上相互协调。而这对于普通的羽毛球健身爱好者来说同样重要。

对于羽毛球健身者来说,灵敏素质是一个非常重要的素质,灵敏素质可分为一般灵素质和专项灵做素质,一般灵敏素质是指在完成各种突变动作时所表现出来的运动能力;专项灵敏素质是指与专项技术有密切关系的灵敏素质。

（一）羽毛球运动员灵敏素质训练的特点

灵敏素质实质上是中枢神经对运动器官的支配能力,表现为完成动作的准确与快慢程度,其包括反应、协调性和动作幅度等因素。

在一场羽毛球比赛中,球在空中飞行的速度很快,需要练习者在很短的时间内对来球的方向、速度、旋转及落点等进行全面观察,迅速做出判断并想出对策,迅速移动步法,调整身体重心和击球位置,进行挥拍击球,以适应各种复杂的动作和技、战术变化。

（二）羽毛球运动灵敏素质训练的要求

（1）在羽毛球灵敏素质的训练中,最重要的是提高人体大脑皮质神经过程的灵活性和兴奋性,只有大脑皮质的灵活性和兴奋性高,才能使运动器官对外界的刺激做出迅速的反应,从而迅速地完成各种动作。

(2)灵敏素质是一种综合素质,与力量、速度、协调等素质有密切关系。因此,发展灵敏素质,应从这些基本因素着手,结合所练项目的运动特点来组合设计自己实际练习的内容。

(3)灵敏素质应在体力较好时进行锻炼,练习负荷强度要大,每次负荷时间不宜过长,重复次数也不宜太多,间歇时间要充分,以免产生疲劳。

(三)羽毛球运动灵敏素质训练的方法

1. 抛接球游戏

(1)教练员站在球网一侧,练习者站在球网另一侧场地中间,教练员将球随意丢到场地的一个地方,训练者快速将球抓住,在限定的时间内抓球越多越好,丢球远近、高低要结合运动员自身特点而定。

(2)游戏者左手前平举,用右手将球从左手手臂下方将球抛起,再用右手接住,练习30秒,用同样的方法换左手进行30秒,1分钟内抓球多的游戏者胜利。

2. 在跑跳中做躲闪等练习

在跑、跳中迅速、准确、协调地做出各种躲闪、急停、变向跑、蛇形跑等练习。

3. 移动抓球游戏

在羽毛球场地内六点各放一个羽毛球,球头朝上。游戏者站在中间位置,采用上网、两侧移动和后场撤步的方法将六点的球快速抓回起点,再用同样的方法将球放回原处,最先完成的游戏者获胜。

4. 传球抢截游戏

将练习者分为两组,每组 3~4 人,手持球拍在限定范围内,进行传球抢截游戏。

5. 追逐游戏

追人者手持球拍托球,在限定的范围内追逐别人,将羽毛球击到被追者身体算捉住了被追者,然后被追者变为追人者,依次进行。

(四)羽毛球运动灵敏素质训练的注事项

(1)在进行羽毛球灵敏素质的训练时,一定要将灵敏素质训练安排在其他素质训练之前,否则会对训练效果产生不利的影响。

(2)身体灵敏的全面提高,有赖于多建立有严格要求的条件反射。也就是说,学会正确的随意的动作,越多越好。

(3)人在疲劳时灵敏性会变差,因此不断提高自己的耐力水平,对保持灵敏性有积极的作用。

(4)准确分析动作的能力越强,迅速移动或重新组合动作的能力就越强,所

羽毛球运动

以不论练习什么动作都应该全身心投入,培养准确感觉自己动作的能力。

（5）在选择羽毛球灵敏素质训练方法时,一定要选择趣味性和多样性较强的,并且与比赛中各种动作的灵敏特点相结合,这些动作应该是接近实战情况的短距离的突然起动,这样能够有效提高锻炼者训练的积极性。

（6）由于灵敏素质是多种素质的综合表现,尤其与速度、力量质关系密切,所以安排训练内容时应与其他素质结合进行。

（7）一般来说,12岁左右的少儿是灵敏素质的提高期,13~14岁时灵敏素质发展不稳定,15岁以后逐渐趋向稳定。这就要求以这些特点为主要依据,重视少儿灵敏素质训练,从而奠定坚实的基础。

四、耐力素质的训练内容与方法

耐力素质指人长时间坚持工作的能力。耐力训练可提高人体抵抗疲劳的能力,提高呼吸系统、血液循环系统的功能水平,改善大脑皮层兴奋与抑制过程有节奏的交替能力,从而使机体能量物质的贮备增多,促进其他素质的发展。

耐力素质可分为肌肉耐力和心血管耐力。肌肉耐力亦称力量耐力。心血管耐力按运动中氧代谢的特征,可分为有氧耐力和无氧耐力;按耐力素质与专项运动的关系,可分为一般力和专项耐力;依照参加主要工作所动员肌群的数量,可分为局部耐力和全身耐力。

（一）羽毛球运动耐力素质训练的特点

耐力素质是指有机体长时间工作的抗疲劳能力。进行耐力训练的目的主要是保证运动器官具有足够的能量储备,有迅速消除代谢产物的能力,以保持内环境的机能稳定。

羽毛球运动属于个人对抗项目,比赛越到后期越紧张激烈,竞赛二人的大脑皮层长期处于紧张状态,因此要求健身者必须具有一定的耐力素质。

（二）羽毛球运动耐力素质训练的要求

（1）羽毛球运动耐力素质的训练,应安排在课的后部分进行。

（2）由于有氧代谢供能是无氧代谢供能的基础。因此,在羽毛球耐力素质的训练中,应对有氧耐力训练给予必要的重视。

（3）羽毛球健身爱好者需要具有相当大的耐力储备,在专项训练中应承担相较比赛更大的专项负荷,充分利用专项运动负荷的增长来发展专项耐力。

（三）羽毛球运动耐力素质训练的方法

1. 一般训练

（1）越野长跑练习：在郊外，规定一定的时间和距离，进行长跑练习。跑的速度可以适当变化，心率控制在150～170次/分钟，运动时间在1.5～2小时。

（2）长距离变速跑练习：在相当距离内，3000米或5000米以上，采用快慢交替的训练方式，进行变速跑步练习。注意负荷强度要由低到高，心率控制在130～150次/分钟、170～180次/分钟，训练时间在半小时以上。

（3）800～1500米变速跑：练习者6～10人列成纵队，听信号从排尾跑到排头，在这段距离内要加速跑，或用并步、交叉步等。

（4）3分钟花样跳绳：正摇、反摇、交叉摇、（双摇跳50次+单摇跳50次）×5、（双跳30次+单摇跳50次）×5等练习。

2. 专项训练

（1）3分钟步法训练：运动员利用半场持拍做网前和后场无球的步伐练习，动作应严格规范。

（2）利用多球在移动中练习扣杀：教练员在网的一侧给训练者高球，让训练者练习杀球动作，杀完球应立即回到初始位置准备下一次杀球，反复练习3～5分钟。

（3）移动步法加冲刺跑训练方法：运动员进行200米、300米或是400米全力冲跑后，立刻进行45秒或1分钟全场移动步法练习，完成两项内容为一组，中途没有间歇，组与组之间可间歇3分钟左右。依据选手的具体情况，可采用2组、3组、5组不等的练习负荷。

（4）10分钟持续全场进攻防守训练方法：运用多球，不间断地进行发球，使练习者没有间歇，在规定时间内保持较高速度反复移动击球。

（四）羽毛球运动耐力素质训练的注意事项

（1）发展羽毛球耐力素质时，要根据自己的体力、营养等实际情况，合理安排负荷量和强度，科学进行锻炼，使耐力素质逐渐提高。

（2）在羽毛球耐力素质练习中。要重视呼吸问题。通过有意识地调节、控制呼吸的节奏，调节呼吸的深度和改变呼吸的方式，从而使机体保持良好的运动状态。

（3）羽毛球耐力素质训练是一个长期的、渐变的过程，训练比较艰苦、枯燥，最好组织集体练习，手段要多样化。因此，通过训练不但能够使运动员的意志品质和运动员训练的积极性得到有效的锻炼，而且能达到增强运动员的团队合作精神。

（4）在耐力训练中，消耗比较大的是体力和精神，因此这就要求一定要做好恢复工作,从而保证训练的有效性和安全性。通常采取的方式有两种:一种是在训练间隔采用积极性休息的方式,这样可以有效避免因突然停止大强度活动后造成血液回流困难致使大脑供血不足;另一种是在训练后进行多种形式的物理、医学、心理学等方面的积极性恢复,特别是心理方面的恢复也是身体恢复的重要因素之一,心理的恢复可以大大促进生理疲劳的恢复。

五、柔韧素质的训练内容与方法

柔韧素质指人体各关节活动幅度的大小。实际主要指的是跨过关节的肌肉、肌腱、韧带等软组织的伸展能力。

在发展其他身体素质的同时,不应忽视对身体柔韧素质的训练,尤其注意发展羽毛球项目需要的肩、腕、腰、髋、踝等关节的柔韧性,随着运动员年龄的增长,肌肉韧带就会变得僵硬,因而就会影响技、战术水平的进一步发展。肩关节柔韧性差,必然造成挥拍的摆臂幅度不大;髋关节的柔韧性差,必然造成跨步动作时伸展面受影响;腰部的柔韧性差,必然造成后击进攻力和鞭打发力过程的传递受到影响。

(一)羽毛球运动柔韧素质训练的特点

这里主要对运动者的年龄特点进行介绍。一般来说,在羽毛球柔韧素质的训练中,不同年龄阶段通常表现出以下不同的特点。

(1)儿童时期(4～5岁),可开始根据专项的需要进行柔韧性训练,尤其是髋和脊柱的柔韧性。

(2)少年期(6～10岁),肩、髋、脊柱的灵活性较好,但髋关节向侧活动的幅度开始下降,所以应根据专项需要,加强这方面的训练。

通常而言,应抓紧在7岁前进行柔韧性练习,争取在12岁以前使柔韧素质得到较好发展。

(3)15～16岁时,柔韧素质下降,易出现伤害事故,所以应避免或少做过分弯曲和扭转的动作,因为此阶段人体生长发育很快,内分泌又发生改变,骨骼系统所能承担的负荷相对减弱。

(4)16岁以后,可逐步加大柔韧练习的负荷强度和难度,20岁左右骨化过程基本结束。

(二)羽毛球运动柔韧素质训练的要求

(1)在进行柔韧素质练习时,应由简到繁、由易到难,循序渐进,动作幅度也应由小到大,不能操之过急。练习动作要规范,不能用力过猛,强调把注意力集中在放松及拉长的肌肉和韧带上。

（2）在柔韧素质练习中，辅助练习者应是有经验的人，切不可随便让不了解情况者给予助力。练习时要动静结合，左右结合，上下结合，刚柔相济，协调发展。

（3）不同项目对柔韧性有不同程度的要求，因此在确定练习的量、强度、内容和手段时，要结合自己的实际情况，科学地进行安排。

（三）羽毛球运动柔韧素质训练的方法

1. 上肢柔韧素质训练方法

（1）颈部弯曲（图 5-25）。站立（或坐立），双手在头后交叉。呼气，向胸部方向拉头部，下颌接触胸部。要求双肩下压，动作幅度尽量大，极限位置保持 3~5 次呼吸。还原后，头部在向后仰，极限位置保持 3~5 次呼吸。

图 5-25　颈部弯曲

（2）牵拉手臂侧倒头（图 5-26）。站立（或坐立），左臂在背后伸直右臂屈肘，右手从背后抓住左手。将左臂向右拉过身体中线。呼气，将右耳贴到右肩上。动作幅度尽量大，极限位置保持 3~5 次呼吸。左右手交替进行，可逐步延长至 10~15 次呼吸。

（3）手腕柔韧练习（图 5-27）。站姿（或坐姿）双手合十胸前转动：双脚开立，双臂屈肘，双手在胸前合十，掌心相对，指尖向上。慢慢转动双手，使指尖向下，极限位置保持 3~5 个呼吸。练习 3~5 组，每组 3~5 次，逐步延长保持呼吸的次数至 5~10 次。

图 5-26　牵拉手臂侧倒头

手部转动时上身不能前倾,两臂位置不变。

图5-27 手腕柔韧练习

(4)双手合十左右倾倒(图5-28)。站姿(或坐姿),双脚开立,双臂屈肘,双手在胸前合十,掌心相对,指尖向上。右手慢慢向左侧压左手,极限位置保持3~5个呼吸。左右交替进行,练习3~5组,每组3~5次,逐步延长保持呼吸的次数至5~10次。手掌左右倾倒时,身体不能跟着动,肩、臂、肘位置不变。

图5-28 站姿双手合十左右倾倒

(5)手掌翻转拉伸(图5-29)。站姿(或坐姿),双脚开立,双臂自然屈肘,双手置于腹部前方,十指并拢,压住腕关节,指尖斜向上,整个手掌绷紧,保持3~5个呼吸。双手慢慢回扣,拇指置于食指内侧,极限位置保持3~5个呼吸。练习3~5组,每组5~10次。这个动作是对手掌肌内的拉伸。

图 5-29　站姿手掌翻转拉伸

（6）跪撑正、反压腕。练习者双膝和双臂直臂撑地，双手间距约与肩同宽，手指向前（后）。呼气，身体重心前（后）移。恢复开始姿势重复练习。动作幅度尽量大，极限位置保持 3～5 个呼吸。

2.肩关节柔韧素质训练

（1）手臂侧拉（图 5-30）。站姿（或坐姿），双腿开立，略比肩宽，左臂伸直，右臂屈肘，左手握拳，用左拳挡住左手手腕处。感受大臂和肩部被拉伸的感觉，极限位置保持 3～5 个呼吸。左右交替进行，每侧练习 3～5 次。

（2）曲臂搬肘（图 5-31）。站姿（或坐姿），身体直立，右臂屈肘放于脑后，左手握住左肘向右侧拉动，极限位置时保持 3～5 个呼吸。左右交替进行，每侧练习 3～5 次。随着练习次数的增加，屈肘的大臂会越来越贴近耳朵，肩关节也越来越灵活。

图 5-30　站姿手臂侧拉　　　　　图 5-31　站姿曲臂搬肘

（3）对墙压肩（图5-32）。双脚开立约两倍肩宽，双手撑墙。双膝微弯曲，上身尽量与地面平行，头、背、腰在一条直线上，保持5～10个呼吸。动作熟练后可以保持3～5分钟。双手不要撑得太高，不要撅屁股。

（4）身后拉毛巾（图5-33）。双腿开立略比肩宽，左臂屈肘，右臂伸直，双手各握住毛巾的一端，感受双臂和肩部与毛巾形成"弓"形，保持3～5个呼吸，逐步拉长保持时间至10～15个呼吸。左右交替进行，每侧练习3～5次。

图5-32　对墙压肩练习　　　　　图5-33　身后拉毛巾

（5）徒手或手持哑铃做前后绕环练习。

3. 腰部柔韧素质训练方法

（1）腰部绕环（图5-34）。双脚开立，与肩同宽，以腰部为轴，使上身顺时针环绕10圈，在逆时针环绕10圈。上身环绕不要太快，可在前、后、左、右四个点处停留3～5个呼吸。

图5-34　腰部绕环

（2）站立双臂上举体侧屈（图5-35）。练习者双脚左右开立，双手举过头顶向上伸臂，双手合十，上身向一侧屈至最大限度保持3～5个呼吸，左右交替练习。

（3）抬腿侧身（图5-36）。右腿搭在桌子上，尽量使两腿呈90°。双臂上举，双手十指交叉，手心向外，身体向右侧倾倒，极限位置保持3～5个呼吸，左右交替进行，每侧练习3～5组，逐步延长保持时间至10～15个呼吸。

图5-35　站立双臂上举体侧屈

图5-36　抬腿侧身

（4）俯卧单侧屈腿挺身（图5-37）。趴在垫子上，双臂屈肘支撑身体，左腿伸直，右腿屈膝。双臂伸直，改为双手支撑身体。腰背挺直，目视前方，保持3～5个呼吸。左右交替进行，每侧练习3～5次，逐步延长保持时间至10～15个呼吸。

图5-37　俯卧单侧屈腿挺身

4.下肢柔制素质训练

（1）臀部拉伸

1）双手扶墙侧伸腿（图5-38）。面向墙面站立，双臂上举，双手扶墙。左腿向身体右后方伸直，脚尖点地，极限位置保持3～5个呼吸左右交替进行，每侧练习3～5次，逐步延长保持时间至10～15个呼吸。

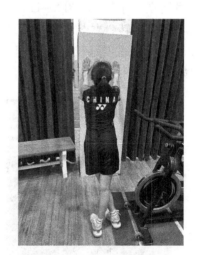

图5-38　双手扶墙侧伸腿

2）仰卧屈膝抱腿（图5-39）。平躺姿势，左腿伸直，右腿屈膝，尽量使右小腿与地面平行。双手抱住右侧大腿，使右腿尽量贴近胸部，极限位置保持3～5个呼吸。左右交替进行，每侧练习3～5次，逐步延长保持时间至10～15个呼吸。

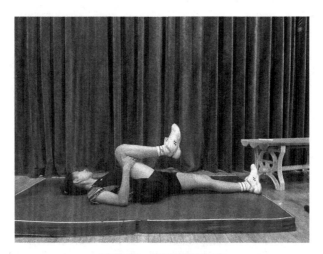

图 5-39 仰卧屈膝抱腿

（2）腿部拉伸

1）扶墙上步腿部拉伸（图 5-40）。面向墙面，呈弓步，右腿屈膝在前，左腿蹬直在后，双臂伸直，双手扶墙。左脚上前一步，脚尖抵住墙面，右脚踮脚尖，充分拉伸左腿后侧的肌肉，极限位置保持 3~5 个呼吸。左右交替进行，每侧练习 3~5 次，逐步延长保持时间至 10~15 个呼吸。

2）靠墙站立一字压腿（图 5-41）。身体侧向对墙面站立，左腿抬起，左脚踩在墙面上。上身左转，双手抱住左脚的脚踝，保持 3~5 个呼吸。左右交替进行，每侧练习 3~5 次，逐步延长保持时间至 10~15 个呼吸。上身转动的时候，站立支撑的腿始终保持不动。

图 5-40　扶墙上步腿部拉伸　　图 5-41　靠墙站立一字压腿

3）扶墙屈膝（图 5-42）。面向墙面站立，右臂伸直，右手扶墙。左腿屈膝，左手握在左脚面靠近脚踝处，使左脚贴紧臀部，极限位置保持 3～5 个呼吸。左右交替进行，每侧练习 3～5 次，逐步延长保持时间至 10～15 个呼吸。也可以身体侧对墙面站立，可以手在一侧扶墙练习。

4）体前屈（图 5-43）。双脚分开，上身向下弯曲，双手握住脚踝后侧，上身尽量贴近大腿，保持 3～5 个呼吸。练习 3～5 次，逐步延长保持时间至 10～15 个呼吸。

图 5-42　扶墙屈膝

图 5-43　体前屈

5）直角前倾压腿（图 5-44）。面向桌子站立，右脚抬起放在桌子上，脚尖绷直，上身前倾，双手抱住右脚，极限位置保持 3～5 个呼吸。左右交替进行，每侧练习 3～5 次，逐步延长保持时间至 10～15 个呼吸。

6）坐姿上身前倾（图 5-45）。成坐姿，左腿伸直，右腿屈膝。右臂伸直，右手抓住左脚外侧，上身前倾，极限位置保持 3～5 个呼吸。左右交替进行，每侧练习 3～5 次，逐步延长保持时间至 10～15 个呼吸。

图 5-44　直角前倾压腿

图 5-45　坐姿上身前倾

7）跨步上身前倾（图5-46）。成弓步，左腿屈膝，右腿在身后，右小腿贴地。双臂在身体两侧直臂支撑，指尖朝向身体前方。挺胸抬头，目视前方，保持3~5个呼吸。左右交替进行，每侧练习3~5次，逐步延长保持时间至10~15个呼吸。

图5-46　跨步上身前倾

（3）踝关节拉伸

1）跪姿脚背拉伸（图5-47）。成跪姿，双脚并拢，臀部坐在两脚跟处。双手在体侧撑地，抬起膝关节，感受脚背的肌肉被充分拉伸，极限位置保持3~5个呼吸。练习3~5次，逐步延长保持时间至10~15个呼吸。

2）站姿脚背拉伸（图5-48）。成站立姿势，双手叉腰，右腿向后，脚背着地。感受脚背延伸至小腿前侧的肌肉被拉伸，保持3~5个呼吸，左右交替进行，每侧练习3~5次，逐步延长保持时间至10~15个呼吸。

图5-47　跪姿脚背拉伸　　　　图5-48　站姿脚背拉伸

羽毛球运动

3）俯卧撑拉伸。练习者从俯卧撑预备姿势开始，双手逐渐向双靠近，升高髋部与地面形成三角形。缓慢下压脚跟到地面双脚轮流练习。练习时主要双臂和背部伸直，并呈一线。幅度尽量大，动作结束保持10秒左右。

（四）羽毛球运动柔韧素质训练的注意事项

（1）柔韧素质要从小培养并经常保持，持之以恒。根据人体机能发育的特点，儿童时期是发展柔韧素质的"敏感期"，抓住这时期训练柔韧素质会得到巩固和保持并不易消退。必须注意，通过训练而获得的柔韧素质进步很快，但如停止训练则消退得也快。因此，要经常保持训练。一般可安排在早操时间、准备活动及课后结束部分，进行柔韧训练对机体的恢复也很有好处。

（2）在进行柔韧训练时要注意气温。天气太冷不利于进行柔韧训练，只有在适当气温时训练才会有较好的效果。

（3）柔韧素质的发展要适度。发展柔韧素质以有利于最大限度地发挥专项能力为前提。一般来讲，没有必要使柔韧素质的发展水平达到最大限度，控制在不影响专项技术所需的伸展度上即可。因为如超过这个限度，会导致关节和韧带的变形，影响关节结构和牢固性，且易造成伤害事故。

（4）柔韧素质训练前要做好充分的准备活动。肌肉伸展性和肌肉的温度有关，通过准备活动，提高肌肉的温度，降低肌肉的黏滞性，有利于柔韧性的发展。

（5）在羽毛球柔韧素质的练习中，辅助练习者应是有经验的人，切不可随便让不了解情况者给予助力。练习时要动静结合，左右结合，上下结合，刚柔相济，协调发展。

【回顾练习】

1.羽毛球运动身体素质训练包括哪些方面？
2.如何提高自我身体素质能力？
3.在身体素质训练中应该注意的事项有哪些？

【知识拓展】

羽毛球运动中预防损伤的常规措施

1.掌握规范的动作技术，对预防手腕、肩袖、踝关节处的损伤能起到很好的预防作用。因此，请专业的羽毛球教练指导或翻阅相关的书籍和观看教学光碟，来了解和掌握好正确的动作要领，这样将有利于爱好者掌握好规范的动作技术。从而起到很好的预防作用。

2.运动前做好充分的准备活动。特别是几个容易出现损伤的部位，手腕、肩关节、腰部、踝关节、大小腿等部位。一般准备活动在 15~20 分钟,但在秋冬季气温较低的情况下,人的关节活动幅度减小,韧带的伸展度降低,就更应该做好准备工作。因此,准备活动的时间也应延长。

3. 在身体疲劳或已经带有伤病(如:轻微的肌肉拉伤)的情况下,应该停止运动。等身体状况恢复后在进行运动。运动完,要养成进行放松活动的习惯。有助于加快运动后疲劳的恢复。

4. 运动时应选择好的场地,并在打球时特别要注意场地上有没有球或别的物体,避免运动中不注意而产生不必要的损伤。

5. 加强对运动创伤的认识,平时注意运动损伤知识的积累。发生运动损伤后不能认为无所谓而继续打球,这是造成重复或多次损伤的主要原因。

羽毛球运动的心理训练

第六章

【思政要点】

贯彻党的二十大人才科技发展战略精神,坚持教育优先发展、科技自立自强、人才引领驱动,加快建设教育强国、科技强国、人才强国,坚持为党育人、为国育才,全面提高人才自主培养质量,着力造就拔尖创新人才,聚天下英才而用之;不断提高中国体育科研能力,加大中国在体育科学研究领域的话语权。

【学习任务】

本章较为全面地讲述心理训练的基本概念、内容和意义,同时使学生了解羽毛球运动专项的心理训练特征,在了解羽毛球心理训练特征后,掌握羽毛球心理训练的原则、方法、内容和注意事项。

【学习目标】

1. 了解心理训练的定义。
2. 了解心理训练的功能和原则。
3. 了解羽毛球专项的心理特征。
4. 掌握羽毛球运动员的心理训练方法。
5. 了解羽毛球专项竞赛心理。

【学习地图】

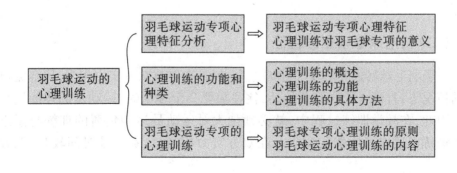

第一节　羽毛球运动专项心理特征分析

一、羽毛球运动专项心理特征

众所周知,每个运动员的个性心理特点都有所不同,但是不同个性心理特点的运动员都可参加运动训练,而且尽管运动员的个性心理特点都不尽相同,但是都可以达到高水准的运动水平。据调查统计分析可知,运动员的个性心理特点往往与运动员掌握技术动作的快慢与运动员的战术打法风格密切相关,并且个性心理特征还会直接影响其行为表现习惯。因此,对于一名羽毛球教师或者羽毛球教练员来讲,了解并熟悉所教运动员的个性心理特点是十分重要的,它有利于教师或者教练员因材施教,有针对性地对运动员进行指导与管理。

(一)羽毛球专项运动情绪

羽毛球运动是一项比赛时间长、战术变化丰富、易受环境影响的非对抗性运动,所以羽毛球运动员需要强大的心理素质保障比赛中的高水平发挥。国内外的专家和学者一直在围绕羽毛球运动员应该具备怎样的心理特征进行讨论和研究,目前以运动员的下肢频率、空间知觉准确性、反应速度、操作思维、情绪稳定性以及神经类型为心理选材指标。羽毛球运动是使练习者的情绪体验产生较为深刻、变化起伏较大的一项活动。参与羽毛球运动必须与对手进行直接较量,胜负关系到自己的或更广范围的荣誉,双方求胜欲望强烈,心理紧张性和敏感性高。而羽毛球比赛的比分变化大,领先与落后转换多,且竞赛者的思维、情绪和行为易受裁判员和观众及场地环境的影响。复杂的变化和参与者的认识、期望,与剧烈的生理反应交互影响,使参与者可能产生的想法增加,进而生成强烈多变的情绪体验,其作为最活跃的主观因素之一,影响着练习者竞技水平的发挥。

(二)羽毛球专项意志特征

一场羽毛球赛通常在 1 个小时左右,但是在对战双方实力相当,比赛竞争激烈的情况下,打满 3 局决胜负的话,往往需要 2 个多小时,运动员的体能消耗较大。因此,在教学训练过程中,就必须加大对运动员运动负荷的训练与意志品质的训练以适应其体能的要求。在双方实力相当,比赛持续时间较长,双方运动员体力都消耗过大的情况下,其比赛的胜利者往往是意志力坚定、坚持不懈的选手。

二、心理训练对羽毛球专项的意义

心理训练可以提高练习者的神经系统的敏捷性和灵活性长期进行快速多变,随机应变的羽毛球技战术练习,可以帮助运动员学会在极短的时间内对对方的意图进行揣摩,对瞬息万变的球路进行预测,对对方击来的球进行判断并迅速做出最佳决策和相应的回球反应,对提高练习者的神经系统的敏捷性和灵活性非常有益,对缩短练习者的动作反应时,提高动作的协调性,灵敏性也有促进作用。是可以发展练习者的羽毛球专项运动知觉练习者对羽毛球运行和落点的控制,主要依靠击球时手指、手腕操纵球拍与球接触时的精细用力、球拍接触球的位置、接触球的点、球拍与球保持的角度等,挥摆小臂前臂、甩腕压指的速度、方向等均由练习者手指和手腕的肌肉用力调控。长期进行羽毛球训练,练习者对手指、手腕肌肉用力差异性的感觉与支配将得到准确和精细发展。

第二节 心理训练的功能和种类

一、心理训练的概述

心理是主体对客观世界的主观反映。每个人的心理状态不同,对心理研究之后发现,心理一般包括认识过程、情感过程、意志过程。许多专家与学者都对心理训练有着不同的定义和理解,马启伟对于心理训练的定义被大多数人认可。他认为心理训练是有目的地、有计划地对训练者的心理过程和个性心理特征施加影响的过程,也是采用特殊的方法和手段使训练者学会调节和控制自己的心理状态并进行调节和控制自己的运动行为的过程。所以,心理训练是一种心理干预方法,采用专门仪器和手段,具体改变人的某种心理状态,以达到最适宜强度、最佳状态的过程。心理训练一般分为一般心理训练和准备参加比赛的心理训练两种,前者是后者的基础,后者则是在前者特殊条件下的继续。

二、心理训练的功能

心理训练既是一种训练手段,也是一个对运动员施加治疗的过程,是治疗加预防的双重过程。运动员通过心理训练可以学会自我控制,自我管理,从而在运动员的训练恢复、运动适应、运动损伤后情绪反应中起到良好作用。心理训练的功能主要包括以下几方面。

1. 促进运动员心理过程的完善

认知过程、情感体验以及意志过程构成了人的心理过程。激烈紧张的运动项目对运动员的心理提出了更高的要求,要求运动员具备敏锐的观察能力、精确的判断能力以及迅捷的反应能力,并且还要求运动员具备长时间集中注意的能力,而运动员的心理训练正好能提高运动员这些方面的能力,使得运动员能够克服现代激烈比赛的困难,达到运动员心理过程的完善,最终取得好的成绩。

2. 促进运动员个性心理特征的形成

每个运动项目对于运动员的要求是不同的,这就会使得该项目的运动员具有自身特有的一种心理特征,包括运动员本身特有的性格、气质、能力、兴趣等。有时候运动员取得成绩的大小就跟运动员所具有的独特的个性心理特征息息相关。而心理训练正好可以充分发展运动员的那种独特的个性心理特征,因此,加强运动员的心理训练本身就是在训练运动员的个性心理特征,为运动成绩的提高打基础。

3. 促进适宜比赛心理状态的形成

运动员的比赛状态对于运动成绩的取得至关重要,特别是当运动员处于良好的竞技状态时,运动员就可能超常发挥自己的能力,取得连他们自己都惊讶的成绩,这就是竞技比赛中"黑马"出现的原因之一;反之亦然,当运动员的状态不好时,运动员就会发挥失常,出现一些"冷门"的原因之一。而心理训练可以对运动员的比赛状态进行调控,使运动员熟悉好状态的感觉,为运动员在比赛中表现出好的竞技状态打基础。

三、心理训练的具体方法

1. 表象训练

表象训练指运动员有意识地利用自己头脑中已经形成的运动表象来巩固和改进技术动作的一种方法。具体做法是运动员在做动作之前,要对已习得的动作进行回忆和再现,然后再做动作。进行念动训练时,运动员注意力要集中,头脑里呈现的运动表象必须是视觉、动觉相结合的准确清晰的综合表象,唯此才能达到巩固、改进技术动作的目的。研究表明,在头脑中产生一种动作的表象(运动表象)时,大脑皮层的相应中枢就会产生兴奋,这种兴奋会引起肌肉的相应运动。这种在产生运动表象时所引起的运动反应称为观念运动反应或念动动作,可以用肌肉电流来证明。例如,请运动员在身心处于放松状态下在头脑中呈现赛跑动作的表象,同时记录他的腿部肌肉电流,结果是有运动表象活动时,肌肉电流也有显著的增强。念动训练方法已被各国普遍采用,并且还常与自我暗示和放松训练结合使用。

2.自我暗示和放松训练

自我暗示和放松训练是用一定的自我暗示语使自身肌肉放松的一种方法。德国精神病学家J.H.舒尔茨曾在临床上运用过这种方法,后来逐渐在各国的体育运动中被广泛采用。运动员不仅在大运动量训练后需要放松以消除疲劳,在比赛前出现过度兴奋时,也需要放松以稳定情绪,而且要求在赛前处于最佳的准备状态。所以运动员的这种训练分为放松和动员两个部分。放松部分主要是运动员利用自我暗示语的方式,学会充分放松脸、颈、臂、腿和躯干的肌肉,降低其紧张度,从而减少身体向大脑传递冲动,使大脑得以休息。肌肉的放松通常与深呼吸密切配合,运动员的注意力也依次指向放松的各部分肌肉。动员部分主要是运动员在身心放松的状态下默念一些自我暗示语,有意识地对自己的生理功能(如呼吸、心跳)和心理活动(如情绪、信心)的强度施加影响;或者回忆自己获得优异成绩的比赛情景,以达到自我动员的目的。虽然各国都采用这种训练方法,但还没有统一的体系,这种方法的理论依据尚待进一步研究。

3.模拟训练

模拟训练是使运动员平时的训练尽可能接近于实际比赛情况的一种方法。模拟比赛情况一般有语言形象的模拟和实景情况的模拟两种。前者是利用语言描述即将进行的比赛的情况,也可以利用图片、图表等使语言形象具体化;后者是在训练中创造一些接近比赛的条件。不同的运动项目对模拟训练有不同要求。例如,击剑、摔跤、篮球、足球、排球等个人或集体的对抗性项目,需选择适当的对手进行"实战"训练;体操、艺术体操、跳水等项目,需由"裁判评分;田径中的跑和游泳等项目,则需有预赛和决赛。不同项目的模拟训练需利用不同的器械设备,以及不同的场地、时间和气候条件等。模拟有观众参加的赛场情境,可以提高运动员的赛场适应性和抗干扰能力。一般而言,实景情况的模拟训练效果较好,但需要较多时间,而且不能把比赛中的情况完全模拟出来。因此最好将两种模拟训练结合进行。模拟训练的作用主要是为运动员参赛做好适应性准备,增强其信心,消除过分紧张,使之处于最佳准备状态,为此,教练员和运动员要在赛前详细了解和分析对手、场地设备、裁判、观众倾向性,甚至气温、风向等各种情况。

4.心理反馈训练

心理反馈训练是通过专门的仪器,以声光信号来识别自己生理功能变化的状态,并把这种状态与自身的感知联系起来。逐步学会根据反馈的信息来调整自己的机能能力,达到能充分动员、发挥机体能力的状态。

第三节 羽毛球运动专项的心理训练

一、羽毛球专项心理训练的原则

1. 针对性原则

心理训练讲究方式方法,针对性原则要求在日常的羽毛球训练中要根据每个运动员的实际情况,有针对性地进行训练。运动员个体之间的性格差异明显,心理能力也有差距,需要针对每个运动员的性格特点进行训练。

2. 适量性原则

在训练的过程中要有适当的心理负荷。心理负荷强度太弱的话,达不到刺激的效果;心理负荷太强、运动员年龄太小的话则难以承受。强度适中的训练会使运动员成长得更快。在羽毛球心理训练过程中要选择适合运动员的训练量,以此来从羽毛球心理训练中获得更好的效果。

3. 坚持自觉自愿的原则

运动员对于心理训练的态度决定了运动训练的效果。在进行心理训练时,除了要具有完备的外界条件(指必须具备好的训练师和物质条件)外,运动员必须主动配合,只有这样心理训练才有效果,否则就是浪费时间。

4. 注重因材施教的原则

运动员的个人心理状况各不相同,有的运动员属于外向型,喜怒外化于脸上,有的运动员属于内向型,喜怒不形于色,因此,我们的心理训练就不能千篇一律,必须因材施教。并且在进行心理训练时,我们必须考虑运动员所从事的专项,根据项目的特点来进行训练,才能收到好的效果。

5. 坚持从实战出发的原则

运动员进行心理训练的目的就是将其运用于比赛中,能够在比赛中灵活运用,因此,心理训练必须一切以实战为准,一切从实战出发。并且应该将心理训练与运动员的技战术训练有机结合起来训练。

6. 坚持以人为本和持之以恒的原则

运动员首先是一个完整健康的人,这是一切训练的出发点和归宿。因此,在对运动员进行心理训练时,一定要注意方法和方式,不能用"泄气"的方法来克服运动员的紧张,也不能用粗鲁的语言和行为来进行心理训练。首先应该维护运动员的人格尊严,然后才是训练提高运动成绩。"冰冻三尺非一日之寒",心理训练也不是一天就能完成的,因此,应该做好打"持久战"的准备。

二、羽毛球运动心理训练的内容

心理训练分为一般心理训练和准备具体比赛的心理训练。一般心理训练的目的在于提高运动员与专项运动有关的心理因素,由于在训练全过程均可安排,又称为长期的心理训练。准备具体比赛的心理训练也称为赛前心理训练,主要是针对具体比赛而进行的心理准备,一般在比赛前两三个月开始练习,并一直持续到比赛期间。赛前专门心理训练的目的在于使运动员能在较短时间内掌握和运用自我调节心理状态的方法,以便形成最佳竞技状态。由于性质,目的的不同所以两种训练内容具有很大差别。

(一)一般心理训练

1.羽毛球球感练习

球感训练主要包括对羽毛球感知的训练、对羽毛球拍感知的训练以及对击打动作的训练,从而提高练习者对肌肉的感知、对肢体关节的感知以及对视觉的感知能力等。通过球感训练能够提高选手的球感,从而提高选手的运动水平。颠球是羽毛球运动中球感练习中一项非常重要的练习方法,不论是初学者还是专业的羽毛球运动员都可以通过颠球训练加强球感,同时在颠球过程中对练习者的心理也是一种训练。颠球训练方法有许多种,主要包括以下几种:①正拍颠球方法,采用正手握拍法握住球拍,用球拍向上颠球;②反手颠球方法,采用正手握拍法握住球拍,用反拍面向上颠球;③正、反手颠球方法,采用正手握拍法握住球拍,用正、反拍面交替向上颠球。以上三种方法都要求练习者尽可能站在原地不动,这样对球感的练习有很大帮助。其他方法还有:①运动中颠球,练习者要在走、跑、坐的不同形态下击球,可以提升对球的控制能力;②向上高击球,用力将球打向高空并接住。颠球接力是一项集趣味性和训练性的羽毛球球感练习方法,练习者需要一边颠球一边通过各种障碍,并将球颠给下一名队友。以上所有的颠球练习在提高练习者和运动员球感的同时,也是一种心理训练,会使练习者趋于平静,调整心态,以一个积极的心态面对羽毛球训练。

2.羽毛球动作反应练习

反应时又称反应时间,是指个体从看到刺激源后做出正确的反应之间的间隔,反应时间的长短各有不同。反应时与反应过程不同,反应时不是指执行反应的过程所需要的时间,而是指刺激施于有机体之后到有机体开始做出明显反应之间所需要的时间,首先由刺激引起感觉器官的注意经由神经系统传递给大脑经过加工再从大脑传递给效应器,效应器做出反应,反应时间由感觉神经传递时间、大脑加工时间、效应器反应时间组成,其中大脑加工所需时间最长。通过反应时的测定可以了解和评定运动员的神经系统反射弧不同环节的功能水平状态,它是衡量神经肌肉组织兴奋高低,评价人体反应速度(灵敏性)快慢的一个常用指标。在运动领域,反应时是教练员、运动员及体育科研工作者共同关注的重要问题,尤其是对羽毛球这种隔网对抗性、开放性的运动项目而言,反应时更是对运动员运动能力进行评定的一个重要指标。

在羽毛球的反应训练中,练习者需要同时击打多个羽毛球,并且需要保证每个羽毛球的落地位置都不相同,这就要求练习者必须通过不断地奔跑、起跳才能够击中所有的羽毛球,这就能够提高选手的反应力以及动作协调性。速度素质是运动素质的重要组成部分,而反应速度就是速度素质在竞技体育中的重要表现之一,而反应时的测量就可以直接看出该运动员反应速度的快慢,所以反应时是衡量反应速度的重要指标也是构成运动员心理素质的重要因素之一;同时还可以通过测量运动员训练前后反应时的变化,来观察所采用的训练方法是否科学,是否能提高运动员的反应速度,缩短反应时间。因此在今后的训练以及研究中,不管是锻炼者还是研究者或者是教练员都应该特别充分意识到反应时这一因素的重要性。

3.羽毛球注意力练习

注意力是全神贯注于一个确定的目标,不为其他念头所分散的一种能力,也是一种瞬时集中、能随时、随意、随机地运用注意力,又能迅速转移注意目标的能力。羽毛球的注意力训练需要设置一些干扰因素,包括添加激光、噪音以及气味等影响因素,让练习者在训练过程中能够集中注意力,从而有效地完成训练的要求。通过这种训练方式,能够让练习者集中注意力从而练习好每一个技术动作。注意力有以下五大特点。

(1)注意的容量性。有研究表明,人的信息加工能力是有限的,即一个人同时做几件事的能力是有限的。在注意分配能力有限的条件下,要求同时完成两项任务,有时就会降低运动成绩。羽毛球比赛中要求运动员必须在错综复杂的多信息途径中找出重要线索——把注意力主要集中于对手的步伐移动、重心变化、出手动作、拍面方向等,以便预测对手击球的方式、线路、弧度、速度和落点。

(2)注意的警觉性。警觉是指在特定的个别反应过程中所需要的最佳准备状态和资源合理调整。羽毛球比赛中男子运动员的杀球初速度高达300千米/时,优秀运动员能在大约600毫秒的短暂时间内,对来球的方向、落点等迅速做出判断,立即决定对策,完成步法启动移动到位,引拍调整拍面角度,完成接杀球。这就要求运动员在打球时,警觉性要高,并且做到正确判断,准确击球。

(3)注意的集中性。注意的集中性是指心理活动对某些事物的高度集中,在一定时间上使注意维持较大的强度或紧张性。注意的集中性是指在一定的时间内把注意维持在所选择刺激上的能力,也被称为注意的持续时间。在羽毛球比赛中,运动员必须把注意力较长时间集中在与运动过程有关的各种刺激上,排除比赛中的外界无关干扰因素,避免自我思想的分心,把注意力高度集中于目前的比赛情境中。

(4)注意的选择性。注意的选择性是指优先选取需要具体加工的信息,忽略无关信息的过程。注意的核心问题就是对信息的选择分析,选择性注意是运动情境中有关注意力的现象最常被提起的。有经验的运动员在发球时能根据对手的接发球姿势来调整发球的线路;在准备接发球时,有选择性的注意对手发球时的引拍动作和拍面;在来回对打中注意对手击球前的动作,出手方式和拍面的变化等,以便预测对手击球的方向、速度和落点,这就是注意力选择性地集中在技能表现较具影响力的地方。

(5)注意的灵活性。灵活性是指根据不同刺激和环境变化,能快速灵活切换、转移和调整注意焦点的能力。在羽毛球比赛中,优秀运动员能根据不同的对手和环境及时采用最恰当的策略来调整、快速转移自己的注意力,用最快捷、最准确的方式来完成多信息的复杂加工任务,取得良好成绩。优秀羽毛球选手不仅能够对对手的发球和回击迅速做出正确反应、娴熟运用技术、快速变化回球线路、大范围变换击球落点,而且还能在激烈对抗和短暂间歇期间进行注意力的快速转移和分配。

4.羽毛球意志力训练

羽毛球意志力训练通常采用反向的训练方式,其中包括在练习者疲劳时安排训练、当外界气候恶劣时继续在室外进行训练以及当练习者身体不适时继续安排训练等,通过这种训练方式,能够让练习者在艰苦的训练条件坚持完成训练要求,都能够有效地提高意志力,从而帮助练习者突破个人的极限。

5.羽毛球心理素质训练

羽毛球的心理素质训练普遍采用情景训练的形式,通过模拟比赛的情景,让练习者适应极端条件下的氛围。在训练中,给练习者制造紧张的氛围,包括改变比分、增加噪音、制造误判等方式,让练习者体验不同的情境,从而增强心理素质进行赛前心理训练。

(二)羽毛球专项赛前心理训练

要了解和掌握比赛前羽毛球运动员的心理状态和训练方法,就需要先了解竞赛心理以及赛前心理状态的种类和赛前心理状态的影响因素。不同的赛前心理准备状态需要采用不同的心理训练方法,通过对竞赛心理的分析从而总结出训练方法。

1.竞赛心理

竞赛心理是在竞赛条件下产生的特殊的心理状态。在这种心理状态下,人的心理活动保持着高度的紧张和集中,这时人的观察力敏锐、记忆迅速、思维活跃、思路开阔,因此大大提高了管理活动的创造性。运动员对竞赛的认识及由此而产生的情绪体验,使身体功能发生某些条件反射性变化,这称为运动员的赛前状态。

2.赛前心理状态

(1)赛前心理状态的种类

1)过分激动状态:又称为赛前热症,特点是运动员情绪高度紧张,对比赛任务表现得过度兴奋、焦虑、惊慌甚至害怕。在这种状态下,运动员的情绪很不稳定,往往注意力不集中,知觉不准确,思维紊乱,记忆减弱,动作忙乱、失调。

2)赛前淡漠状态:特点是运动员情绪低落、心理过程缓慢、知觉范围缩小、注意涣散、思维迟钝,致使运动员萎靡不振,甚至不想参加比赛。

3)赛前盲目自信状态:特点是运动员情绪愉快,但盲目乐观,对即将进行的比赛的复杂性和困难估计不足,过高估计自己或本队的力量,相信能轻易取胜;他们在赛场上,往往注意强度下降,知觉、思维均较迟钝,动作反应也较迟缓无力。

4)最佳战斗状态:特点是运动员对比赛任务有清楚的认识,情绪饱满,渴望参加比赛,而且知觉精确、注意力集中、思维敏捷、动作反应快。由于运动员的气质、性格、比赛经验、训练程度等方面不同,会使运动员产生不同的赛前状态,并出现不同的比赛结果。

(2)赛前状态的影响因素

1)社会评价。社会评价主要包括两个方面:一方面是教练以及政府部门和国家方面对队员的期望,另一方面来自于媒体、观众、新闻媒介对运动员的评价。

2)对比赛荣誉的追求,主要来自运动员对比赛名次的追求。运动员都希望在比赛中取得好的名次,以此来获得更高的奖励和更高的社会地位。一般该影响因素对运动员的赛前准备有积极作用,可以提高运动员赛前的专注度。

3)对比赛结果的担忧。运动员在赛前出现的焦虑、担心、紧张,一般来自对比赛结果的担忧。运动员在赛前会担心自己无法在比赛中发挥出水平,同时也会担心比赛中的对手实力强大,对运动员的消极作用较大。

(3)赛前心理训练的意义。运动员在参加重大比赛前需要做好身体机能、技战术和心理方面的准备。运动员心理状态的稳定性直接关系到比赛的胜负,临近比赛前,运动员的体能和技战术都不会再有太大的变化,而其情绪的变化是最明显的,一些微小的因素有时也会引起运动员情绪的变化,赛前做好心理准备控制情绪的稳定性对运动员来说尤为重要。因为赛前心理准备的主要目的是增强运动员心理稳定性和必胜的信念,通过各种措施来消除运动员赛前出现的各种心理障碍,理顺思路、调节情绪、建立积极的心理定势,形成理想的赛前心理状态。在国内外许多心理专家对运动员比赛情况的调查分析中可以看到，在比赛中由于心理方面准备不足而造成技术水平发挥不好的运动员约占70%；因训练水平技术准备不足造成的约占20%。某运动员在夺得全国冠军后曾深深体会到，比赛前的心理准备和比赛中的心理稳定性在某种程度上讲比身体和技术准备还需要，它直接关系到技术水平的发挥。队员在赛前心理活动往往表现得异常活跃，教练员应善于了解运动员的心理状态，才能有针对性地做好深入细致的工作，并帮助他们做好赛前心理准备。

3. 羽毛球运动员赛前焦虑心理

焦虑，产生于自身的技战术水平和比赛任务之间的不平衡。当运动员感到能胜任比赛时，他就会体验到一种最佳的激活状态，该状态通常被称为"流畅状态"。在这种状态下，一切都显得轻松、顺利；当运动员感到比赛缺乏挑战性时，就觉得比赛不够刺激，导致激活水平下降；当运动员觉得难以完成比赛任务时，就会激活过度，变得着急和焦虑。运动员出现赛前焦虑时不仅会使身体机能失衡，而且会对体育活动产生消极的心理反应状态。具体表现为参加训练和比赛动机不强，甚至厌恶训练和比赛；容易疲劳、轻度头痛、临赛前失眠、食欲不振、小便频繁、思维混乱，说话缺乏完整性和逻辑性，答非所问；离群索居，不愿与人交往；对教练员的忠告漫不经心，心不在焉；蔑视权威，不服从领导，无组织无纪律，对人态度粗暴，容易发怒，对周围的人多带有敌意和攻击性等症状。由此可见，当运动员感到自己的能力与比赛任务不相适应时，就会产生赛前的焦虑。

4. 羽毛球赛前心理训练方法

（1）激励调节。有的羽毛球运动员赛前的焦虑与其自信心不足有关。运动员不相信自己的能力，比赛缺乏必胜的信心因而容易产生畏惧比赛的心理，所以教练员应根据队员的个性特征，用激励法激发运动员的士气，把紧张焦虑的情绪转化为积极的动力，使其重新恢复信心，以良好的状态投入比赛中。

（2）应激控制训练。应激是指个体所感知的环境要求与自认为的自我能力之间存在不平衡时产生的身心反应。训练和比赛时，环境、对手、观众、教练员、裁判等都有可能影响运动员，成为应激源。个体在处理这些应激源的时候不尽相同，所以根据不同的运动员应采取相应的应激训练。应激控制训练一般是选择训练者一个经常出现的比赛情景，让其回忆当时出现的想法，并对当时的想法进行讨论、分析，找到消极的内容，探讨此消极信念对当时情绪和行为的影响，研究能否用积极、合理的想法替代当时的积极想法，制定对应于当时情景的积极、现实、简短而具体的暗示内容，利用想象，将合理的自我暗示应用于相同的情景，在相同的情景实践中运用。

（3）临床干预认知调整。认知是刺激事件与个体情绪和行为的中介因素，不合理的认知是引起负面情绪的根源。要调整羽毛球运动员的赛前焦虑，就必须从调整认知入手。心理辅导的第一步就是帮羽毛球运动员认识潜意识的条件情绪反射影响了正常的比赛效率。由于心情紧张焦虑导致比赛成绩不理想,这种情绪又影响比赛过程中的发挥,如此循环就形成了一个消极的条件情绪反射链:即出现比赛情景引起情绪紧张,思维受影响,不能正常发挥引发新的情绪紧张,从而加重了比赛的情绪焦虑。要想提高比赛成绩,就必须帮助运动员建立一个新的条件情绪反射,即遇到比赛情景,轻松自如的情绪,集中注意力,反应敏捷,情绪更加稳定,比赛中更能发挥正常或超常。

（4）表象模拟训练。运动不仅仅是身体的动作,还体现了大脑的思维活动。运动表象演练是训练大脑功能的最有效途径之一,加之表象演练与运动专项的特点最为密切,所以它对培养运动员的综合竞技能力具有特别重要的意义。表象训练需要运动员高度集中注意力,在一个清晰而稳定的心理状态下进行,通过表象一些轻松愉快的情景,来达到消除心理疲劳的目的。因此,运动员在练习前,可以构想自己在比赛中的战术和个别动作,结合观看一些优秀运动员的比赛或录像片段,使某一动作过程在自己头脑中形成完整的动作表象。教练员也可以利用语言和形象的表象给运动员描绘未来竞赛时对手的技术、战术的运用,以利于运动员建立合理的动作表象。

（5）实战模拟训练。实战模拟训练法就是在训练中创造一些与比赛条件相似的场景对运动员进行训练。在羽毛球模拟训练中,根据以往比赛中积累的经验和出现的各种场景,进行模拟和演练。根据赛前收集的对手战术、技术、体能等的特点,合理安排有针对性的模拟训练,加强自己不足之处的练习,并找出克敌制胜的方法。提高比赛时运动员心理适应能力和抗干扰能力,使之能在困境中迅速适应比赛,并找到相应的对策和方法。

（6）科学教练组配体系。一般的专业训练中都有体能教练、专业技术教练、康复教练、心理教练及其他工作人员的合理分工。培养一个优秀的团队或运动员,需要一个科学的教练组配体系,应具有扎实的专业技术素质、理论水平、组织能力、心理调节能力及裁判水平。

【回顾练习】

　　1.什么是心理训练?心理训练的功能和种类分别是什么?

　　2.羽毛球专项运动心理特征的特点?

　　3.羽毛球专项运动一般心理训练和赛前心理训练分别包括哪几个方面?

　　4.什么叫竞赛心理?羽毛球赛前心理状态包括哪几个方面?

【知识拓展】

羽毛球竞赛中的心理博弈

　　林丹,是我国乃至世界上最优秀的男子羽毛球运动员之一,自从进入世界羽坛以来一直是无可撼动的世界第一。他的职业生涯总共获得了66个冠军头衔，2008年北京奥运会与2012年伦敦奥运会男子单打金牌都被林丹收入囊中，不仅成为第一位卫冕羽毛球男子单打奥运冠军的运动员，也成为历史上唯一一位获得过全满贯的羽毛球运动员。但是林丹的羽毛球职业生涯并不是一帆风顺，一个个冠军背后是一次又一次的坎坷和挑战。在林丹生涯早期，由于年轻气盛再加上比赛经验欠缺，林丹的比赛发挥极其不稳定。林丹生涯的第一个滑铁卢发生在2004年的雅典奥运会，林丹作为当时的世界第一，是夺得金牌的热门运动员。但是林丹竟然在第一轮就被淘汰，造成了一个超级大冷门，面对实力与名气全方位落后于自己的对手，林丹完全陷入被动，以0∶2草草结束了自己的第一次奥运会。林丹后来回忆道，自己当时太想拿金牌，年轻好胜的心理导致了自己的比赛心态失衡，影响了自身的技战术发挥。4年之后的北京奥运会男单决赛中，愈发成熟的林丹面对自己一生之敌李宗伟，全场压制对手，全场比赛都保持了平静的心理状态，以2∶0战胜了对手，第一次获得了奥运会男单冠军。2012伦敦奥运会男单决赛，又是经典的"林李之战"。这场比赛虽然林丹笑到了最后，但过程可谓是一波三折。第一局比赛，李宗伟气势如虹以21∶15拿下第一局，此时的林丹并没有被对手的气势吓到，也没因为落后一局而慌乱。而是稳定的调节自己的心理状态，继续按照自己的赛前计划进行比赛，顺利以21∶10的悬殊比分拿下第二局。第三局的比赛双方进入了白热化状态，林丹一直处于落后状态，双方一直打到了19∶19。其实这个时候双方的体能和意志力都已经到达极限，这毕竟是羽毛球最高级别比赛的最后一局，任何一个小失误都将与金牌失之交臂，双方的心理抗压能力将成为影响比赛的关键因素。最终，李宗伟在心理方面出现了波动，一个非常简单的挑球没有过网，接着一次回球一次出界，又一次在奥运会决赛中输给了林丹。从技术、战术水平角度来说，李宗伟与林丹非常接近，就是因为两位运动员的心理抗压能力的差距，使两位运动员的职业生涯截然不同。优秀的运动员不仅仅要具备优秀的技战术，强大的心理能力也是必须具备的。

第七章 羽毛球运动的竞赛与裁判法

【思政要点】

贯彻党的二十大新发展理念,实践是认识发展的动力,实践是检验真理的唯一标准。挖掘和大力弘扬中国特色体育活动,不断提升中国体育国际话语权。

【学习任务】

本章重点介绍羽毛球裁判法,并学习羽毛球运动的竞赛方法、羽毛球运动的比赛组织安排,学习羽毛球裁判规则和方法。通过本章的学习可以使同学们基本掌握羽毛球比赛的全部流程,规范自己的执裁工作,可以不断提高自己的专业素养和技术水准。

【学习目标】

1. 了解羽毛球比赛的基本规则。
2. 掌握羽毛球比赛编排方法。
3. 掌握羽毛球裁判方法。

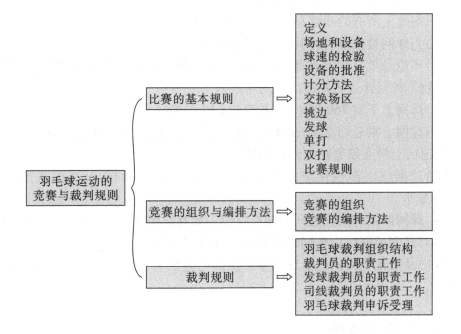

第一节　比赛的基本规则

一、定义

(1) 运动员：参加羽毛球比赛的人。

(2) 单打：双方分别出一名运动员进行的比赛。

(3) 双打：双方分别出两名运动员进行的比赛。

(4) 发球方：挑边后拥有发球权的一方。

(5) 接发球方：发球方的对方。

(6) 回合：双方自开始发球至死球前的一次或者多次连续对击。

(7) 一击：运动员试图击球的一次挥拍动作。

二、场地和设备

(1) 羽毛球场地是一个长方形，长度为 13.4 米，双打场地宽为 6.1 米，单打场地宽为 5.18 米。

（2）线的颜色应是白色、黄色或者其他容易分辨的颜色。

（3）场地上所有的线都是它所界定区域的组成部分。

（4）当球网被拉紧时，网柱应与地面保持垂直。

（5）不论是单打比赛还是双打比赛，网柱都应放置在双打边线上。网柱及其支撑物不得延伸进入除边线外的场地内。

（6）球网上下宽 760 厘米，全长至少 610 厘米。

（7）球网上沿是用宽 75 毫米的白带对折成的夹层，用绳索或钢丝从中间穿过。夹层的上沿必须紧贴绳索或钢丝。

（8）球网应由深色优质的细绳编织而成。网孔为均匀分布的方形，边长 15～20 毫米。

（9）球网两端与网柱之间不应有空隙。如有空隙球网两端应与网柱系紧。

（10）绳索或钢丝应牢固地系紧，并与网柱取平。

（11）从场地地面网上至球网中央顶部高应是 1.524 米，双打边线处高应是 1.55 米。

三、球速的检验

检验羽毛球的时候，运动员应低手向前上方全力击球，击球点必须在端线的上方，球的飞行方向应与边线平行。

符合标准球速的羽毛球，应落在场地距离对方端线外延 530～990 毫米之间的区域内。

四、设备的批准

1. 批审

有关球、球拍、设备以及试制品能否用于比赛等问题，由世界羽联规定。这种裁定可由世界羽联主动提出，也可根据对其有切身利益的人、团体（包括运动员、技术官员、会员协会、设备厂商或其他成员）的申请。

2. 残疾人羽毛球比赛的辅助设备

（1）残疾人羽毛球比赛可以使用轮椅或拐杖。

（2）运动员的身体可用一弹性带固定在轮椅上。

（3）可在轮椅上安装可延伸至主轮外的支撑轮。

（4）运动员的双脚必须固定在轮椅的搁脚板上。

五、计分方法

（1）除非另有规定（礼让比赛和替换规则），一场比赛应以三局两胜定胜负。

（2）20 平之后，领先得 2 分的一方胜出，29 平之后，先得 30 分的一方胜出。除此之外，先得 21 分的一方胜出。

（3）一局的胜方在下一局首先发球。

（4）对方"违例"或球触及对方场区内的地面成死球，则本方胜这一回合并得分。

六、交换场区

以下情况运动员应该交换场区。

（1）第一局结束。

（2）第二局结束（如有第三局）。

（3）在第三局比赛中，一方先得到 1 分时。

（4）如果运动员未按照以上规定交换场区，一经发现在死球后立即交换，已得分有效。

七、挑边

（1）比赛开始前应先挑边，赢方可以选择先发球或先接发球，又或者在一个场区或另一个场区开始比赛。

（2）输的一方，在剩余的一项中选择。

八、发球

（1）一旦运动员站好位置准备发球，发球员的球拍头开始向前挥动即为发球开始。

（2）一旦发球开始，发球员的球拍击中或未击中球，均为发球结束。

（3）发球员应在接发球员准备好后才能发球，如果接发球员已经试图接发球，即被视为已经做好准备。

（4）双打比赛发球时，发球员和接发球员的同伴应在各自的场区内。站位不限，但不得阻挡对方发球员或接发球员的视线。

（5）合法发球

1）一旦发球员和接发球员做好准备，任何一方不得延误开始发球。

2）发球员的球拍头完成后摆,任何对发球开始的延误都是延误比赛。

3）发球员和接发球员应站在斜对角的发球区内,脚不得触及发球区的接发球区的界限。残疾人羽毛球轮椅式和站立式半场级比赛场地分别如图7-1所示。

4）从发球开始至发球结束,发球员和接发球员的两脚,必须有一部分与场地的地面接触,不得移动。轮椅式比赛:从发球开始到发球结束,发球员和接发球员的轮椅必须静止不动,发球员的轮椅自然的逆向移动除外。

5）发球员的球拍应首先击中球托。

6）发球员的球拍击中球的瞬间,整个球应低于场地地面上方1.15米。轮椅式比赛,发球员的球拍击中球的瞬间,整个球应低于发球员的腋下。

7）发球员发球时,应击中球。

8）发球开始后,发球员必须连续向前挥拍,直至将球发出。

9）发出的球应向上飞行过网,如果未被拦截,球应落在规定的接发球区域内(即落在界线上或者界线内)。

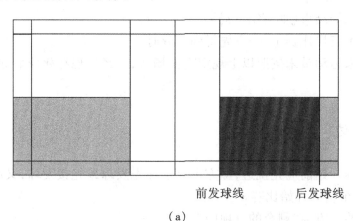

前发球线　　　　后发球线

（a）

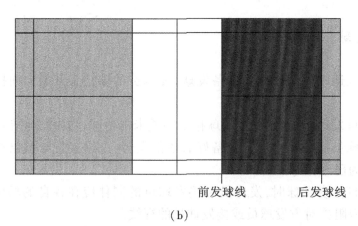

前发球线　　　　后发球线

（b）

图7-1　残疾人羽毛球轮椅式比赛单打比赛场区和发球区

（6）发球区错误，以下情况为发球区错误

1）发球或接发球顺序错误，在错误的发球区发球或接发球。

2）如果发现发球区错误，应在死球后予以纠正，已得比分有效。

（7）重发球

1）由裁判员或运动员（未设定裁判员时）宣报"重发球"，用以中断比赛。

2）"重发球"时，该次发球无效，原发球员重新发球。

3）以下情况为"重发球"：①发球员在接发球员未做好准备时发球。②在发球过程中，发球员和接发球员都被判违例。③发出的球被回击后，球停顿在网上或者球过网后挂在网上。④比赛进行中，球托与球的其他部分完全分离。⑤裁判员认为比赛被干扰或教练员干扰了对方运动员的比赛。⑥司线员未看清，裁判员也不能做出裁决时。⑦遇到不可预见的意外情况。

（8）死球

1）球触及地面。

2）宣报"违例"或"重发球"。

3）球撞网或网柱后，开始向击球者网这方的地面落下。

（9）违例

1）不合法发球。

2）球发出后停顿在网上，过网后挂在网上，被接发球员的同伴击中。

3）比赛进行中。①球落在场地界限外（即未落在界限上或界限内）。②球未从网上越过。③触及运动员的身体或衣服。④触及天花板或四周墙壁。⑤触及运动员球拍，而未飞回对方场区。⑥被同方两名运动员连续击中。⑦被击时停滞在球拍上，紧接着被拖带抛出。⑧被同一运动员两次挥拍连续击中，但一次击球动作中被拍框和拍弦面击中不属于违例。⑨触及场地外其他人或物，关于比赛场馆的建筑结构问题，必要时，地方羽毛球竞赛承办机构可以制定羽毛球触及建筑物的临时规定，但其归属的世界羽联会员协会有否决权。

（10）运动员违例发球

1）球拍、衣服或身体，触及球网或球网的支撑物。

2）妨碍对方，即阻挡对方随球过网的合法击球。

3）故意分散对方注意力的任何举动，如喊叫、做手势等。

4）球拍或身体，从网下侵入对方场区，导致妨碍对方或分散对方注意力。

5）球拍或身体，从网上侵入对方场区（击球时，球拍与球的接触点在击球者网这一方，而后球拍随球过网的情况除外）。

6）在轮椅式比赛中，运动员击中球的瞬间，其躯干无任何部位与轮椅座面接触；脚未固定在搁脚板上；比赛进行中，运动员双脚的任何部位触及地面。

7）运动员严重违例或屡次延误比赛、行为不端。

九、单打

1. 发球区和接发球区

（1）一局比赛中，发球员的分数为0或双数时，双方运动员均应在各自的右发球区发球或接发球。

（2）一局比赛中，发球员的分数为单数时，双方运动员均应站在各自的左发球区发球或接发球。

（3）在残疾人的羽毛球半场级比赛中，发球员和接发球员应在各自的发球区发球和接发球。

2. 击球顺序和位置

一回合中，球应由发球员和接发球员交替从各自所在场区的任何位置击出，直至成死球为止。

3. 得分和发球

（1）发球员胜一回合则得一分。随后，发球员再从另一发球区发球。

（2）接发球员胜一回合则得一分。随后，接发球员成为新发球员。

十、双打

1. 发球区和接发球区

（1）一局中，发球方的分数为0或双数时，发球方均应从右区发球。

（2）一局中，发球方的分数为单数时，发球方均应从左发球区发球。

（3）接发球方上一回合最后一次发球的运动员应在原发球区。其同伴的站位与其相反。

（4）接发球员应是站在发球员对角线发球区的运动员。

（5）发球方每得一分，原发球员则变换发球区再发球。

（6）除发球区错误的情况外，球都应从与发球方得分相对应的发球区发出。

2. 击球顺序和位置

每一个回合发球被回击后，由发球方的任何一个人和发接球的任何一人，交替在各自场区的任何位置击球，如此往返，直至死球。

3. 得分和发球

（1）发球方胜一回合得一分。随后发球员继续发球。

（2）接发球方胜一回合则得一分。随后接发球方成为新发球方。

4. 发球顺序

（1）首先发球员从右发球区发球。

（2）首先接发球员的同伴，从左发球区发球。

（3）首先发球员的同伴。

（4）首先接发球员。

（5）首先发球员，依次传递。

运动员在比赛中不应有发球、接发球顺序错误或在一局比赛中连续两次接发球（发球区错误的情况除外）。一局胜方的任一运动员可在下一局先发球，一局负方的任一运动员可在下一局先接发球。

十一、比赛规则

除间歇、比赛的暂停和轮椅式比赛中有一次额外的间歇离开场地，比赛自第一次发球开始至该场比赛结束应是连续的。

1. 间歇

（1）每局比赛中，当一方先得到 11 分时，允许有不超过 60 秒的间歇。

（2）所有比赛中，局与局之间允许有不超过 120 秒的间歇（有电视转播的比赛，裁判长可在该比赛前决定变更间歇时间）。

2. 暂停

（1）如遇到不是运动员所能控制的情况，裁判员可以根据需要暂停比赛。

（2）遇到特殊情况，裁判长可要求裁判员暂停比赛；在残疾人羽毛球比赛中，修理运动员辅助设备可视为特殊情况。

（3）如果比赛暂停，已得比分有效，恢复比赛时由该比分记起。

3. 延误比赛

（1）裁判员是"延误比赛"的唯一裁决者。

（2）不允许运动员为恢复体力、喘息或接受指导而延误比赛。

4. 指导和离开场地

（1）在一场比赛中，仅在死球时，允许运动员接受指导。

（2）在一场比赛中，运动员未经裁判员允许不得离开场地（间歇时间除外）。

（3）在轮椅式比赛中，允许运动员在一场比赛中有额外的一次间歇离开场地以便插入导管。该运动员应由世界羽联派任一技术官员陪同。

5. 运动员违规

（1）故意延误或中断比赛。

（2）举止无礼或不当。

（3）故意改变或损坏羽毛球，以此影响球的飞行或速度。

（4）规则未述的其他不端行为。

6.对违规者的处罚

（1）对运动员延误比赛、擅自离开场地和做出不当行为，裁判员应执行警告，对已被警告过的一方判违规或对严重违规的一方判违例。

（2）在判违犯方违规时，裁判员应立即报告裁判长，裁判长有权取消其该场比赛的资格。

第二节　竞赛的组织与编排方法

近年来，随着羽毛球运动在世界范围内的广泛开展以及我国体育产业的蓬勃发展，在我国举办的高水平羽毛球赛事越来越多。这一方面给我国羽毛球运动带来了诸多进步的机会，另一方面也是对我国赛事组织者的考验。

一、竞赛的组织

（一）羽毛球运动竞赛相关活动的组织

羽毛球运动竞赛的组织工作是一项严谨、全面、系统的工作，它不仅是简单的体育比赛的组织，围绕它开展的组织环节还有很多，包含很多方面的工作内容。具体而言，可将竞赛的组织工作分为以下 5 个方面的内容。

1.制定羽毛球竞赛活动的规程

对于任何一项赛事的组织来说，竞赛规程是运动竞赛的指南，是赛事组织者的核心内容。它由竞赛的主办方根据比赛的目的、性质、方法、规模、场地和时间等方面的情况进行制定。竞赛规程对竞赛各方面的内容进行了相应的规定，明确了办赛的主旨。

2.接受报名

赛事的报名工作是对参加运动竞赛的人员进行统计，确定抽签和编排对象。在接受报名的环节，报名表是竞赛编排工作中的重要依据，因此对于设计出一份能够展现报名运动员更多体育相关信息的报名表是工作的重点，此外准确核实运动员报名信息也是工作实践中的关键。

3.组织赛前练习

在开展相对较为正式的运动比赛时，应至少安排一次参加比赛的运动员在比赛场地进行练习的机会，并且在安排相应的练习时，应尽可能保持机会均等的原则，运动员练习时间应尽可能相等。

4.组织抽签

抽签是羽毛球竞赛组织前期工作的关键环节之一。它对竞赛名次的合理性有着重要的影响,它确定了每个运动员在比赛中的位置。参赛运动员通常对抽签环节非常看重,甚至从抽签结果中能够预计到本次赛事的参加过程和重点战术布置。

5.竞赛编排

编排任务是一定时间内将全部的比赛安排在一定数量的比赛场地内,使得运动比赛合理有序开展。竞赛编排与抽签环节有着密切的联系。

(二)竞赛前后的组织工作

1.竞赛前的组织工作

(1)竞赛委员会和管理机构。赛事组织机构是赛事顺利运行的组织方和管理方。赛事委员会是赛事组织机构的核心成员,对竞赛工作的各个环节进行管理和控制,保证各项工作都在统一的领导下合理有序地开展。竞赛委员会的具体职责包括对各职能部门的人员进行设置,批准各项工作的实施,管理活动的经费,处理运动会中的重大问题等。为了更好地开展工作,精确有效执行和贯彻竞赛委员会的各项政策和决定。

(2)仲裁机构。仲裁委员会是体育竞赛的仲裁机构,其任务是负责处理比赛期间执行竞赛规则过程中发生的各种纠纷,保证竞赛的规则和竞赛规程得到正确的执行。羽毛球比赛每回合的速度特别快,比赛中可能出现许多意想不到的情况,由此就使得对一些得分与否或出界与否的问题产生分歧,这些分歧甚至主裁都不能立刻做出明确的判罚,这时就需要赛事仲裁机构出面予以解决。在规模相对较大的比赛中,都会设立这一机构,当运动员就竞赛规则和规程执行过程中出现的问题进行申诉时,仲裁委员会进行必要的调查和研究,决定是否受理,并召开委员会会议进行讨论做出相应的裁决。

(3)竞赛计划和竞赛规程。竞赛计划是前期筹备的范围,计划的主要内容包括竞赛的名称、比赛项目、时间、地点、参加者、主办单位等方面。为了顺应我国体育发展的需求,在制订羽毛球比赛的计划时,应注意竞赛的广泛性和群众性,推动群众参与到体育运动之中。竞赛的组织方案是体育竞赛的有关筹备工作的总计划,也被称为"竞赛筹备工作方案"。竞赛规程是羽毛球竞赛的具体法规,是竞赛中开展各项工作的基本依据和重要指导。其由主办单位拟订,对竞赛的各个方面进行了相应的规定。

(4)裁判队伍。裁判队伍的组织工作是羽毛球竞赛的关键环节之一。任何赛事都不能缺少裁判员,他们是场上的"法官",维持比赛的公平和公正。现代羽毛球赛事融入了更多商业化和职业化的色彩,每场比赛的胜负都会牵扯到多方的利益,因此现在比赛中的任何一个判罚给双方带来的影响都是巨大的。这就给裁判队伍的业务能力提出了较高的要求。在羽毛球比赛中裁判队伍通常包括裁判长、副裁判长以及司线员。根据比赛规模和规格的不同,裁判队伍的配合和级别要求也有所不同。

(5)落实场地器材。在比赛开始前,应按照竞赛组织方案和竞赛规程的要求,落实和检查竞赛场和器材,保证其符合羽毛球竞赛的要求。竞赛的场地、训练场地和器材应保证达到规定要求的质量和数量。除这些主要场地和器材外,还有一些比赛中需要用到的物品也应该准备齐全,各类器材设备应设专人进行负责和保管,避免出现遗失、非正常使用性损坏和浪费等情况。

(6)安排赛前训练。比赛的场地相对较为有限,而参加比赛的人数较多,这些运动员为了保持运动状态需要每天都参加训练。为了解决使用训练场地的矛盾,竞赛主办部门应统一安排赛前训练。赛前训练的具体安排应制成训练时间安排表,保证训练活动能够正常有序进行。另外,提供赛前训练服务场地的规格和器材质地、颜色等应与正式比赛相同。

2.赛后组织工作

赛后阶段是羽毛球竞赛管理过程的终结阶段。在这一阶段的工作中,组织者要对自身的工作进行全面评估,总结经验,找出竞赛组织中的问题,并提出相应的改进意见,做好竞赛资料的整理和其他善后工作,将这些总结的内容形成书面文字报告。

(1)印发成绩册。竞赛成绩册是羽毛球比赛结果的汇总。具有一定的实际参考价值,是重要的体育运动材料和历史记录。如有条件,应将各项运动比赛的成绩汇编成册。包括内容有各项比赛成绩、各项前6名、荣获体育道德风尚奖名单。

(2)处理善后事宜。在羽毛球运动比赛结束后,还有一些善后事宜需要处理,包括对比赛资料的整理,对相关单位和人员的感谢,对相关人员的奖励,经费和账目的结算,器材设备的清理等。

(3)进行竞赛总计以及裁判员和运动员技术等级申报。比赛的总结包括对基本情况、基本经验的总结,以及对竞赛组织过程的问题进行分析,并对以后的工作提出相应的建议。在竞赛之后,羽毛球运动员在比赛中达到相应的等级称号所规定的技术标准,经具有相应等级称号的裁判员主持裁判工作,并签字证明,则可申请运动员技术等级称号。

(三)竞赛中的临场组织和管理

临场组织与实施是整个组织工作的中心环节,也是决定竞赛工作成败与得失的关键。在竞赛的过程中,应对各项工作的每一个细节予以高度的重视,对竞赛工作进行科学的管理。羽毛球竞赛过程的管理可分为3个方面。分别为时空控制、纪律管理以及临场执裁管理。

1. 时空控制

（1）时空控制简单来讲就是对时间和空间的控制和管理。时间管理的重要方面是对时间间歇的控制和管理，时间间歇分为正常时间间歇和非正常时间间歇。正常时间间歇是规则里面体现出来可以预见的间歇时间，一些允许的间歇时间，运动员可以进行适当的休息。非正常时间间歇是规则里体现但有严格规定的间歇时间，如运动员受伤或者运动器材损坏时，在规则允许的范围内，运动员可在裁判的允许下暂停比赛。

（2）空间管理则是对比赛的空间和场地等方面进行的管理和控制。当运动比赛的场地有很多时，应注意每个场地的照明后符合规程的要求，相互之间避免形成干扰，方便运动员进行比赛。

2. 纪律管理

（1）临场纪律管理包括四方面的内容，分别是裁判员的临场纪律管理、运动员的临场概率管理、场外指导的管理以及申诉的处理4个方面。裁判员在运动比赛过程中，应秉持公平、公正和公开的原则，保持一定的严谨性，根据自身的执裁与管理经验来对事实予以判定。运动员和教练员在比赛过程中，应避免可能不公平地影响对手、冒犯观众和影响本项运动声誉的不良行为。

（2）在团队比赛时，运动员可接受任何人的场外指导，在单项比赛中则只能接受一个人的场外指导，并且指导者的身份应在比赛前向裁判说明。指导者应避免非法指导。运动员对于裁判员就解释规则或规程的问题做出的决定不服时，可以向裁判长提出申诉，裁判长的最终决定为最后的决定。

3. 临场执裁管理

（1）羽毛球临场裁判组织与实施的基本原则。为了保证羽毛球竞赛能够顺利而有序进行，裁判应起到组织者的作用，组织好入场和退场的各项工作，并对器材设备进行必要的检查，在比赛中要严格公正执法。裁判是竞赛规则的执行者，在执行过程中，应正确执行规则，减少误判，消灭错判，准确、平稳的进行判定，裁判员应是保证竞赛的公平、公正、平等以及合乎规则和规程。裁判员同时还是比赛中的教育者，在比赛中不仅要严格要求自己还要以身作则，起到良好的教育者的作用。

（2）羽毛球临场裁判组织与实施过程的素质要求。裁判对于比赛有着举足轻重的作用，作为裁判必须具备优良的道德品质和思想修养。具体而言：①优秀的裁判员首先应该客观、公正，无论职位的高低，都必须具备公正无私的道德品质。诚实也是裁判员道德的基本原则，在工作中要实事求是。②业务素质，作为裁判员不仅需要具备良好的道德品质和思想素质，还应具有过硬的业务素质，能够完全胜任裁判工作。③要有坚定的信心，要有把握和掌控全局的能力，应镇定自若、处事不惊,在竞赛中保持高度集中的精神。

(四)竞赛开闭幕式与颁奖的组织管理

1. 开幕式

(1)开幕式是比赛的开始,不同的竞赛规格和竞赛性质,开幕式会有很大的差异性。但是不管是何种形式的开幕式,都要经过周密的组织、策划和部署,这样才能够最终保证开幕式的成功举办。

(2)开幕式的主要组织内容包括领导人致辞、运动员和裁判员的入场、宣誓、退场以及相应的文艺表演等。运动员和裁判员的入场应整齐、准确而迅速。

(3)在组织开幕式时,应快节奏、高要求地进行,并精确计算时间,各环节应紧密联系。为了保证开幕式庄严隆重、紧张精练、顺利安全,一般会成立开幕式临时指挥系统,保证各项工作的顺利进行。

2. 闭幕式

闭幕式是赛会结束的标志,也是宣传和扩大赛事影响的良好机会。闭幕式的基本程序如下。

(1)宣布竞赛的闭幕式开始。

(2)裁判员和运动员入场,也可选择不入场的形式。

(3)比赛成绩和获奖人员名单。

(4)请颁奖嘉宾为获奖人发奖。

(5)致闭幕词。

(6)裁判员和运动员出场。

(7)闭幕式表演。

(五)赛事后勤保障工作

羽毛球赛事的举办会涉及多方面社会资源的投入和大量人力的参与,因此,为了保障这些人力、物力能够人尽其才、物尽其用,就要为他们提供可靠的后勤保障。在现代体育赛事举办较为频繁的时期,赛事的后勤保障工作是否到位就成为检验举办者赛事组织水平的考验点之一。总的来看,体育赛事的后勤保障和服务工作繁杂、千头万绪,对于后勤工作人员来说无疑是巨大的挑战。一般将后勤服务与保障工作分为三方面的内容,分别为竞赛接待服务与组织、赛事安全保卫工作以及一些其他方面的保障性工作。

1. 竞赛的接待服务与组织

(1)竞赛的接待服务是为赛事的各类人员提供住宿、餐饮、交通一系列服务的集合。随着运动竞赛的市场化发展趋势,在提升服务质量的同时,也应注意服务工作的"成本—效益"意识和服务工作的信息化。

羽毛球运动

（2）后勤和接待服务在现今的体育赛事组织中的支出比重逐渐加大,为此需要赛事组织者具有一定的成本意识,否则将会导致不必要的浪费。当然成本意识也不代表着降低后勤保障级别,给参赛人员的生活带来困扰。具体而言,为了保证服务工作能够合理、有序开展,应立足于竞赛工作的具体实际,设立相应的工作机构,构建具体的机构和职位。

2. 安保与突发事件的组织与预防

安保工作是羽毛球赛事成功举办的根本保障,是赛事成功的主要标志之一。为了保障赛事工作的安全,赛事的管理机构应完成多项预订的工作任务。安全保卫工作是一个整体性问题,需要各方面都积极参与。

（1）安保工作计划和方案,为了保证场馆设施运作正常,应建立相应的设施故障补救计划,配备必要的备用物品清单。体育竞赛和对抗较为激烈,并且观众也较多,相应的容易引发突发事件。例如运动员出现运动损伤、运动员之间出现冲突以及观众之间的冲突等。

（2）与赛事部门运作管理机构内外部的合作。安保部门应与赛事运作管理机构的其他职能部门保持沟通,协调安保工作中出现的各种问题。安保工作人员应对竞赛过程中存在的各种隐患进行排查,并及时消除。在竞赛过程中,还应根据具体的竞赛时间安排来确定安保力量的布置和调整。

（3）突发性事件的预防管理。在羽毛球竞赛开展过程中,并不能对所有的风险事件作出预防,这就需要建立相应的应急机制,对突发事件进行妥善处理。在处理突发事件时,应坚持快速反应、忠于事实、立场明确三原则,最大限度地降低突发事件造成的危害。在竞赛过程中,预防管理人员应对预警管理的对象实施检测,并发出不同的预警信号,为预防与危机应急决策提供必要的依据。

3. 羽毛球竞赛的其他保障工作

（1）水电保障。在开展大型的羽毛球竞赛活动时,应积极与供电和供水单位进行沟通,对供水和供电设备进行必要的更新、改造和维护,保障竞赛期间的用水、用电安全。为了便于管理,可以根据具体的赛事需要设立相关的专职人员,协调、检查和督促相应的事宜。

（2）医疗卫生保障。医疗卫生保障是羽毛球运动竞赛后勤保障体系的重要组成部分,也是赛事顺利开展的重要保障。医疗卫生保障工作的主要内容包括:①提供优质、高效的医疗救护服务,保障赛事相关人员的健康;②卫生督察,为赛事提供卫生安全的饮食和住宿环境;③对环境进行综合治理,预防传染性疾病;④提供相应的医疗保健服务。

（3）信息和通信保障。在羽毛球赛事开展过程中,为了保证相关人员沟通渠道的顺畅,保证赛事活动的顺利进行,有必要完善相应的通信保障工作。通信保障工作的技术性较强,应由专人负责,保障移动通信、互联网信息的畅通。在竞赛期间还应评估通信的容量,避免信息的拥堵。

二、竞赛的编排方法

（一）比赛项目

1. 团体赛

团体赛分为男子团体、女子团体、男女混合团体。团体比赛常用以下两种赛制。

（1）三场制：每队 2～4 人参加比赛，两名单打、一对双打，共进行三场比赛；比赛顺序为单、双、单，或单、单、双；采用三场两胜制，亦可赛完三场后以胜场数多者为胜方。

（2）五场制：每队 4～9 人参加比赛，三名单打、两对双打，混合团体赛为两名单打、三对双打（可兼项），共进行五场比赛；比赛顺序为单、单、双、双、单，或单、单、单、双、双，或单、双、单、双、单；混合团体比赛顺序为男单、女单、男双、女双、混双；裁判长可根据运动员兼项情况可调整场续；采用五场三胜制，亦可赛完五场后以获胜场数多者为胜队，在一次团体比赛中，一名运动员不得在同一项目出场两次。

2. 单项比赛

单项比赛分为男子单打、女子单打、男子双打、女子双打、混合双打。

（二）比赛方法

一般采用单淘汰赛和单循环赛两种。有时也可以综合两种比赛方法的优点采用阶段赛方法，如：第一阶段分组循环赛，第二阶段淘汰赛。

1. 单循环赛

参加比赛的运动员（对、队）之间轮流比赛一次，为单循环赛。循环赛由于参赛运动员（对、队）之间比赛的机会多，有利于相互学习，共同提高，能更为合理地比赛出名次。但循环赛场数多，比赛时间长，使用场地数量也多，因此循环赛的人数（对、队）不宜过多。在人数（对、队）过多时，可采用分组循环赛的办法。采用分组循环赛时，一般以 4～6 人（对、队）分为一组比较适宜。

（1）轮数和场数。在循环赛中，每一运动员（对、队）出场比赛一次，称为"一轮"。

当人（对、对）数为偶数时：轮数 = 人（对、队）数 −1；

当人（对、队）数为奇数时：轮数 = 人（对、队）数。场数 = 人（对、队）数 ×［人（对、队）数 −1］÷2。

（2）顺序的确定。单循环赛常采用"1 号位固定逆时针轮转法"。如果一组中有同单位的运动员（对、队），应先进行比赛。逆时针轮转法是 1 号位置固定不动，其他的位置每轮逆时针方向轮转一个位置，即可排出下一轮的比赛顺序。

例：6 人（对、队）参加比赛的轮转法（图 7-2）。

第一轮	第二轮	第三轮	第四轮	第五轮
1 —— 6	1 —— 5	1 —— 4	1 —— 3	1 —— 2
2 —— 5	6 —— 4	5 —— 3	4 —— 2	3 —— 6
3 —— 4	2 —— 3	6 —— 2	5 —— 6	4 —— 5

		1	2	3	4	5	6	胜次	净胜	名次
		A	B	C	D	E	F			
1	A									
2	B									
3	C									
4	D									
5	E									
6	F									

图 7-2 6 人（对、队）参加比赛的轮转法

当人（对、队）数为奇数时，用"0"补成偶数，然后按逆时针转排出各轮比赛顺序。其中遇到"0"者为轮空。

例：5 人（对、队）参加比赛的轮转法（图 7-3）。

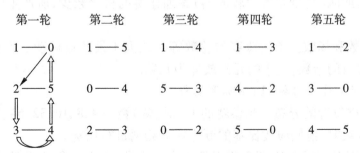

第一轮	第二轮	第三轮	第四轮	第五轮
1 —— 0	1 —— 5	1 —— 4	1 —— 3	1 —— 2
2 —— 5	0 —— 4	5 —— 3	4 —— 2	3 —— 0
3 —— 4	2 —— 3	0 —— 2	5 —— 0	4 —— 5

图 7-3 5 人（对、队）参加比赛的轮转法

（3）决定名次的方法：循环赛名次按照单项赛规定确定。

1)单项赛:按照获胜场数定名次;两名(对)运动员获胜场数相等,则按照该组比赛的净胜局数定名次;计算净胜局数后,如还剩两名(对)运动员净胜局数相等,则两者间比赛的胜者名次列前;计算净胜局数后,还剩下3名(对)或3名(对)以上运动员净胜局数相等,则按在该组比赛的净胜分数定名次;3名(对)或3名(对)以上运动员获胜场数相同,净胜局数亦相同,则按在该组比赛的净胜分数顶名次;计算净胜分数后,如还剩两名(对)运动员净胜分数相等,则两者间比赛的胜利者名次前列;如还有3名(对)或3名(对)以上运动员净胜分数相等,则以抽签定名次。

2)团体赛:团体赛按单项赛办法,依照胜次、净胜场数、净胜局数、净胜分数顺序计算成绩,乃至抽签定名次。

(4)分组循环赛与种子的分布。在参加人(对、队)数较多的情况下,为了不过多增加比赛的场数和延长比赛的日期,又能排定各队的名次,常用分组循环赛的方法。组数确定后,可用抽签的方法进行分组,也可采用"蛇形排列方法"进行分组。

以团体赛16个队分成4组为例,则按照以下分组:第一组1、8、9、16;第二组2、7、10、15;第三组3、6、11、14;第四组4、5、12、13。数字是各队的顺序号,它是按照各队实力强弱排列的。也就是说数字越小实力越强。

用抽签方法进行分组时,如仍以上16个队为例,则需要先确定4个或8个种子。把种子顺序排列出来,然后按上述"蛇形排列方法"或"抽签方法"进行分组,最后非种子队用抽签方法抽进各组。

2. 单淘汰赛

单淘汰赛由于比赛一轮淘汰1/2的运动员(对、队),可使比赛的场数相对减少,所以在时间短、场地少的情况下,采用单淘汰赛能接受较多的运动员(对、队)参加比赛,并可使比赛逐步走向高潮,一轮比一轮紧张激烈。按体育竞赛的特点来说,淘汰赛是一种比较好的比赛方法。但由于负一场就被淘汰,所以大部分运动员或队(特别是实力较弱的)参加比赛的机会较少,所产生的名次也不尽合理。

(1)轮数和场数。单淘汰赛的轮数等于或大于最接近运动员人(对、队)数的2的乘方数的指数,是2的几次放即为几轮。

场数=人(对、队)数-1+附加赛场数。

(2)轮空位置的分布。当参赛的人(对、队)数为4、8、16、32、64、128或较大的2的乘方数时,他们应按比赛的顺序成双相遇进行比赛。

当参加比赛的人(对、队)数不是2的乘方数时,第一轮应有轮空。轮空数等于下一个较大的2的乘方数减去比赛的人(对、队)数的差。轮空数为双数时,应评价分布在淘汰表的不同的1/2区、1/4区、1/8区、1/16区。如轮空位置为单数,则上半区比下半区多一个轮空。

例如：当9个单位参加比赛，轮空数为16-9=7；3个轮空在下半区，4个在上半区。这样第一轮只有一场比赛（图7-4）。

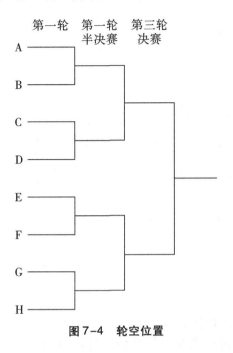

图7-4 轮空位置

（3）抽签法

1）种子数：64或多于64个（对、队）以上的选手参赛，最多设16个种子；32~63个（对、队）选手参赛，最多设8个种子；16~31个（对、队）选手参赛，最多设4个种子；少于16个（对、队）选手参赛，设2个种子。

2）种子的抽签：种子的位置上半区的在各区的顶部，下半区的在各区的底部；排名前2的两个种子，1号种子进入淘汰表顶部，2号种子进入淘汰表底部，3号和4号种子抽签分别进入余下的两个1/4区，5~8号种子抽签分别进入余下的1/8区；9~16号种子抽签分别进入余下的1/16区；同队种子的抽签同时必须符合轮空和种子位置的要求。

3）同队运动员的抽签：同属一个队的运动员，应按照均匀分布的原则，用以下办法一次抽签进入1/2区、1/4区、1/8区……第一、二号选手分别进入不同的1/2区，第三、四号选手分别进入余下的1/4区，第五至第八号选手分别进入余下的1/8区，同一队第九号以后的选手进入余下的任意1/16区。

4）应根据种子顺序调整协会报名的技术顺序，并根据调整后的技术顺序进行抽签。任何级别的比赛都要遵照这些规定执行。

（4）附加赛。单淘汰赛只能产生第一、二名，如果比赛需要排出第一、二名以后的若干名次，需要另外再增加几场比赛，增加的这几场比赛称为附加赛。附加赛的比赛如图7-5中的"虚线"部分所示。

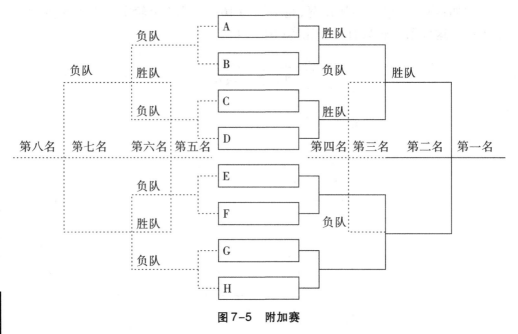

图 7-5　附加赛

（5）预赛。遇到一个单项的参赛运动员超过正赛规定人（对、队）数时，建议竞赛组织者再竞赛委员会或裁判长监督下进行预赛。

1）预赛也应该进行种子确定和抽签。

2）排名及技术水平作为直接进入正赛的依据。

3）未直接参加正赛的运动员，将参加竞赛组织者安排的旨在进入正赛规定位置的预赛。

4）建议再正式比赛的抽签位置中，每 8 个位置最多只能安排一个预赛出线的运动员。

5）有预赛的比赛，应事先排出递补正赛的运动员的顺序。凡正式比赛中有运动员不能参加比赛时，即可依次递补。

6）预赛开始前如正赛中出现一个空位，应从参加预赛且排名列前的选手（对、队）递补进入这一位置。如果有一个以上的空位则将递补选手抽签进位。

7）预赛开始后如有运动员（对、队）从正赛退出，可挑选在预赛中从未输过的选手递补，必要时可停止一场正在进行的比赛。

8）在正赛中为预赛出线选手预留的位置应抽签确定，正赛抽签应于预赛开始前进行并公布。

9）领队会后提出的退赛，由裁判长在退赛出现时处理。

10）当预赛开始前正赛中出现一个空位需要递补时，可不考虑同队队员分开的规定。

11）从抽签直至领队会前期间所提出的退赛应在领队会上根据规定处理。

竞赛组织者应通知下一获得进入正赛或预赛抽签资格的运动员。

12)抽签开始前提出的退赛应在准备抽签时予以考虑,并因此修改正赛和预赛抽签名单以及所有的递补名单。

13)在依据排名和调整排名以及参数排名,将参赛运动员抽签进入正赛淘汰赛后,淘汰表仍有空位,需由无排名或调整排名和参数排名的运动员递补时,则按以下步骤进行填补:先抽单位,然后取该单位排名最高的运动员填补。

(八)确定"种子"的原则

(1)"种子"是根据排名和技术水平确定的,应是本项目当时最好的选手。技术水平主要看运动员在各级比赛中所取得的成绩,如世界锦标赛、洲际比赛或大型国际比赛的成绩,以及全国比赛的成绩和其他比赛的成绩等。考虑比赛成绩时,要以最近的比赛和所参加的高级大型比赛的成绩为主,远的服从近的,低的服从高的。在双打比赛中确定"种子"时,除依据上述原则外,还可参考单打比赛或其他一人的双打成绩,举办比赛的有关委员会可对确定"种子"的原则作补充规定。

(2)世界羽联对运动员排名和"种子"确定另有规定。

(3)中国羽协对运动员排名和"种子"确定另有规定。

(九)报名顺序

参赛单位根据排名和技术水平排名运动员的报名顺序,必要时,委员会有权调整报名顺序。

(十)抽签变更和运动员替补

(1)竞赛委员会或裁判长,不允许对所公布的各项抽签结果进行更改。以下情况除外。

1)在控制报名时或抽签时出错,且该项目比赛未开始;

2)一名运动员在其第一场比赛开始前因生病、受伤或不可预见的原因不能参赛;

3)替补运动员(对)应是非种子或种子批次不高于被替换运动员(对)。种子批次分别是 1 号和 2 号、3 号和 4 号、5~8 号和 9~16 号。

(2)单打只允许由来自同单位的运动员替补,原运动员不得再参加该赛事的任何比赛项目。

双打剩下的一名运动员可以与任何单位的运动员配对,但不能影响其他双打配对;来自一个单位的双打可以由同单位的新配对替补;如果因生病、受伤或不可预见的原因影响,两对配对双方只剩下一名运动员,则剩下的两名运动员可搭配成一对。如原配对抽签位置轮空,则替补的新配对应该进去该位置,否则应用抽签定位。

（3）一名（对）运动员如果输了一场比赛则没有资格再参加该赛事中该项目的比赛。

（4）在循环赛中，裁判长可允许因伤病或其他无法避免的原因不能比赛的运动员被替补，但替补必须在该名（对）运动员第一次比赛开始前。一旦比赛开始，则不能替补。

（5）预赛开始前出现预赛抽签不平衡，裁判长有权对其进行重新抽签。

（6）如果抽签后由于运动员退赛，出现正赛结果严重不平衡的特殊情况，而该项目又无预赛且该比赛还未开始，则裁判长可以对其重新抽签。

（7）运动员在一场比赛中的弃权不应被视为退赛。但如果运动员报名参赛的项目在一个以上，则运动员在该项目比赛中弃权或退出该项目，都必须退出其已报名的其他全部项目。在一个赛事中，对有运动员"未出场比赛"的某场比赛，应按退赛处理，但对"未出场比赛"的处罚要高于退赛，且将在已有的退赛处罚之上追加处罚。该条款也适用于团体赛事，如运动员在一次团体赛事中弃权或退赛则意味着该名运动员须退出该次团体赛余下的所有比赛，而且其余下的双打比赛也不能替补。但在一次团体赛中的弃权或退赛的运动员，仍可参加在该团体赛中后续的其他场次的团体比赛。

（十一）竞赛日程安排

（1）竞赛日程安排通常有两种形式。

1）分节：将比赛安排在上午、下午和晚上进行，在条件许可时，每天的比赛最好安排两节，即在上午和晚上进行。

2）不分节：只设定每天比赛的开始时间，比赛按场次场序连续进行，直至当日比赛全部结束，竞赛日程安排在确保运动员合理负担量的前提下，应尽量提高场地的利用率，缩短比赛天数，每个项目的轮数多于天数时，最初几天多安排轮次。

（2）若比赛既有团体赛，又有单项赛，则团体赛应在单项比赛开始之前结束。

（3）若有特殊情况，经赛事主办单位同意，可不接受限制。

（4）在条件许可的情况下，比赛日程中应安排一天休息。最好安排在团体赛和单项赛之间，或安排在第一阶段比赛和第二阶段比赛之间。

（5）在团体赛中，每个队一天内不应安排超过2次五场制的团体赛，一节中不应安排超过1次五场制的团体赛。

（6）在单项比赛中，每名运动员一天内不应安排超过6场比赛，而且同一个项目的比赛不应超过3场，在一节比赛中，不应安排超过3场，同一个项目的比赛不应超过2场。

(7)在世界羽联批准的比赛中,不论世界羽联有无任命代表到场,都不允许要求运动员在其上一场比赛结束后30分钟,组内开始另一场比赛。当比赛在天气比较热,湿度比较高的条件下进行时,可以允许适当延长间歇时间。

(十二)场地规定

1.场地高度

(1)世界羽联主要赛事:奥运会羽毛球赛、世界锦标赛、世界青年单项锦标赛、世界羽毛球元老锦标赛、苏迪曼杯、汤姆斯杯和尤伯杯决赛阶段的比赛以及世界青年团体锦标赛,整个比赛场地净空的最低高度至少12米。在比赛区域上空的这一高度内,不应有横梁或其他障碍物。

(2)世界羽联其他赛事和其他国际比赛:对于所有其他国际比赛,这一高度最好是12米(39英尺),但最低不得少于9米(30英尺)。在比赛区域上空的这一高度内,不应有横梁或其他障碍物。

2.地板

(1)场地必须是木质弹性地板,或类似的表层,上铺经批准的防滑地胶。如需要,世界羽联有权批准任何木质弹性地板的类似表层。

(2)建议场地四周至少应有2米(6.5英尺)空地,相邻两个场地必须至少间隔2米。

3.背景和灯光

(1)为了避免对羽毛球视觉上的影响,场地端线背景下不得使用白色,最好使用深色。

(2)场地上空灯光照强度至少要达到1000勒克斯。

(3)灯光不能直接置于比赛场地上方或后方,而应沿场地两边安置。

(4)比赛区域四周不得有自然光源。

4.气流

所有气流,如空调气流均应受到严格控制或予以排出。

5.其他要求

(1)赛事承办者应遵守上述规定。

(2)遇到特殊情况,批准机构可以变通上述规定。

(3)所涉及运动员、官员和观众的健康、安全和安保的相关事宜,必须遵循(当地)政府法规。

(十三)比赛用球

(1)由竞赛组织者确定一个牌号的比赛用球。

(2)竞赛组织者根据赛事举办地的条件确定一种速度的比赛用球,并各准备一种速度较快和速度较慢的比赛用球。

（3）每节比赛使用哪一种速度的球，由裁判长在每节比赛开始前确定，运动员不得选择球的速度。

第三节　裁判规则

一、羽毛球裁判组织结构

羽毛球裁判组织分为：裁判长、裁判员、司线裁判员、发球裁判员。

1. 裁判长

设裁判长1名，副裁判长若干名。全面负责比赛的裁判工作，保证比赛公正、顺利地进行，对规则和竞赛规程的解释作出最后决定，全面管理竞赛。

2. 裁判员

裁判员在裁判长的领导下工作，并向裁判长负责（未设裁判长时向竞赛负责人负责）。主持比赛，管理本场及周围区域，比赛时坐在裁判椅上执行以下规则。

（1）及时宣判"违例"或"重发球"，并随时在记分表上做相应的记录。

（2）对申诉在下一次发球前做出裁决。

（3）使运动员和观众能了解比赛的进程。

（4）必要时与裁判长磋商，安排、撤换司线员或发球裁判员。

（5）不能推翻司线员和发球裁判员对事实的裁决。

（6）有权暂停比赛。

3. 司线裁判员

坐在所负责的线的延长线上，观察球在线附近的落点，并以规定的术语和手势进行宣判。司线员一般由裁判长指派，但裁判长可予以撤换或经裁判员与裁判长商议后予以撤换。

4. 发球裁判员

坐在矮椅上，视线保持在发球运动员腰部水平线上，负责宣判发球员发球违例。

（1）发球裁判员应坐在网柱旁的椅子上，最好是在裁判员的对面。

（2）发球裁判员负责宣判发球员的发球是否合法。如不合法，则大声宣报"违例"，并用规定的手势表明违例的类型。

（3）裁判员可给发球裁判员安排额外的任务，但要事先通知运动员。

二、裁判员的职责工作

世界羽联发布《对技术官员的建议》的目的是期望所有的国家能够依据《羽毛球竞赛规则》使控制临场比赛的裁判工作标准化、规范化，能更好地服务比赛。该建议向裁判员提出，在保证遵守比赛规则的同时，应该公平、公正、公开的严格控制比赛，不能滥用职权，同时对发球裁判员和司线员执行他们的职责予以指导。

（一）裁判员工作的基本要求

（1）通晓《羽毛球竞赛规则》。

（2）宣报要迅速而有权威，如有错误应承认，并道歉更正。

（3）所有的宣判和报分，都必须响亮、清晰，使运动员和观众都能听清。

（4）对是否发生违例有怀疑时，不应宣判"违例"，应让比赛继续进行。

（5）绝不可询问观众或受他们评论的影响。

（6）加强与其他临场裁判人员的配合。例如，慎重的接受司线员的裁决，不能推翻司线员和发球裁判员对事实的裁决；与他们建立良好的工作关系。

（7）穿着得体的制服，包括在未提供裁判服时，遵守"裁判员服装规定"。

（二）裁判员工作方法

1. 比赛开始前

进场前：在接受担任某场比赛的裁判工作后，到进入比赛场地的一段时间。

（1）检查自己的裁判用品是否备齐（记分笔、秒表、挑边器、红黄牌等）。

（2）到记录台领取记分表，检查表中各项内容是否正确，填写好可以预先填写的项目，熟悉运动员的姓名和准确宣报姓名的发音，在国际比赛时，准确宣报队名和运动员姓名尤为重要。

（3）检查运动员服装的颜色、图案、字样和广告是否符合规定，并确保违例情况能得到纠正。有关违反服装规定的任何裁定都必须在该场比赛前报告裁判长或相应的竞赛负责人，如赛前无法报告，则应在该场比赛结束后立即报告。

（4）与该场比赛的发球裁判员见面问好，提出有需要配合的工作，如提醒他准备比赛用球，带好运动员的姓名牌等。并检查该场比赛的司线裁判员是否做好准备。

（5）必要时召集比赛的运动员入场，当发现运动员未到场时，应立即报告裁判长。

（6）公正的执行挑边，确保赢方和输方进行正确的选择，并记录挑边工作。

（7）双打比赛时，记下开局时站在右发球区的运动员姓名，以便随时检查发球时运动员是否站在正确的发球区内。每局开始时都必须做相应的记录。

（8）了解进退场的路线，在听到广播或裁判长示意后，带领发球裁判员（有时包括司线员、运动员）一起列队入场。

2.比赛时应处理的工作

（1）判罚。主要包括违例情况，无论比赛中出现何种违例，裁判员都应立即报"违例"，然后报比分或换发球和比分重发球：在比赛场上出现需要判重发球的情况时，裁判员应报"重发球"，接着把比分再报一次，一是强调比分不变，二是比赛继续，发球员可以发球了。

（2）其他工作

1）擦地板：运动员摔倒地面有汗水时，裁判员应主动召唤有关人员擦干地板。

2）意外事故：如灯光熄灭、灯泡炸裂、网柱倒下等，裁判员应暂停比赛，记录比分等，宣布重发球。

3）换球：比赛时，换球应公正。裁判员应对是否换球做出决定。球的速度或飞行受到干扰时，应换球。必要时执行有关规定。裁判长是决定球速的唯一裁决者。如果比赛双方均要求更换球速，应立即召唤裁判长。必要时可以试球。

4）换拍：在比赛中球拍断裂、断线，应允许运动员换拍。

5）擦汗与喝水：经裁判员同意可以到场边擦汗和喝水，并示意另一方也可以擦汗和喝水。

6）运动员受伤：裁判员应谨慎、灵活地处理比赛时运动员的伤病，迅速、准确地判定伤病的严重程度，必要时召唤裁判长。裁判长必须决定是否需要医务人员或其他人员进场。医务人员应对运动员进行检查，并告知伤病的严重程度。如出血，应暂停比赛，直至止血或伤口得到妥善处理为止。对治疗应实行有效管理，不得因治疗而延误比赛。

裁判长应告知裁判员，该运动员恢复比赛可能需要多长时间，裁判员应监控所用时间。处理时，裁判员应确保不给对方造成不利影响，同时恰当地执行相关规定。由于伤病或其他不可避免的原因，造成比赛中断，应及时询问该运动员："你要弃权吗？"如果回答是肯定的，应该宣报："××（运动员姓名或队名）弃权；""××（运动员姓名或队名）胜，××（比分）。"

7）运动员申诉：只能向裁判员提出，内容只允许涉及规则问题，不能与发球裁判、司线员纠缠。

8）比赛暂停：有意外事故发生或有运动员不能控制的情况，裁判员可宣报"比赛暂停"。在恢复比赛时，裁判员宣报"继续比赛"并报当时的比分。

9）延误和中断比赛：不允许运动员故意中断或延误比赛；制止其在场地做不必要的兜圈走动；必要时执行有关规定。

10）行为不端：比赛时记录并向裁判长报告任何不端行为及其处理。

11）球从临场侵入场区时，未引起运动员注意或未妨碍干扰运动员比赛则不判"重发球"。

12）场外指导：一旦双方运动员准备好比赛，以及比赛进行中都应制止场外指导。确保比赛中教练员坐在指定的椅子上，不得站在场外；教练员不得分散运动员的注意力或使比赛中断；比赛进行中，教练员不得试图以任何方式与对方运动员、教练员、随队官员交流，或以任何目的使用电子设备。如果裁判员认为比赛被干扰，或教练员分散了对方运动员的注意力，则判"重发球"。再次出现该情况时，立即召唤裁判长。

3. 比赛中的宣报

（1）宣报比赛开始。在正式宣布比赛开始前，裁判员应报"停止练习"，此时让双方运动员做好正式比赛的最后准备。裁判员在宣报时，应该抬起头，声音清晰响亮，使运动员和观众都能听清楚。

（2）比赛开始，裁判员按以下形式宣报。

第一局比赛开始时，宣报"第一局比赛开始，0∶0"；第二局比赛开始时，宣报："第二局比赛开始，0∶0"；如果要赛第三局，比赛开始时宣报："决胜局比赛开始，0∶0。"

介绍运动员时，手应该相应地指向右边或者左边。（ＷＸＹＺ表示运动员姓名，ＡＢＣＤ表示国名或者地区名。）

1）单打

单项赛："女士们、先生们，在我右边Ｘ、Ａ，在我左边Ｙ、Ｂ，由Ｘ发球，比赛开始，0比0"。

团体赛："女士们、先生们，在我右边Ａ、Ｘ，在我左边Ｂ、Ｙ，由Ａ发球，比赛开始，0比0"。

2）双打

单项赛："女士们、先生们，在我右边Ｗ、Ａ和Ｘ、Ｂ，在我左边Ｙ、Ｃ和Ｚ、Ｄ，Ｘ发球，Ｙ接发球，比赛开始，0比0"。如果两名配对的双打运动员代表一个国家或地区，则先宣报该两名运动员的姓名后，再报其国名或地区名，如Ｗ和Ｘ、Ａ。

团体赛："女士们、先生们，在我右边Ａ、Ｗ和Ｘ，在我左边Ｂ、Ｙ和Ｚ，由Ｘ发球，Ｙ接发球，比赛开始，0比0"。裁判员宣报比赛开始，即为一场比赛开始。

（3）比赛中

1）裁判员：应使用比赛规则中的技术官员规范用语。应记录和报分，报分时总是先报发球员的分数。应随时注意计分器的显示是否正确。需要裁判长帮助时，将右手高举过头。当需要使用即使回放系统对落点的宣判做出裁决时，将左手高举过头。

2）比分和换发球：永远把发球方的分数报在前面。当一方输了一回合而失去发球权时,应宣报"换发球",随后先报新发球方的分数,接着报新接发球方的分数。必要时,用适当的手势同时指向新发球员及其正确的发球区。

3)只有裁判员才可宣报比赛开始或者继续比赛,以表明一场比赛或一局比赛的开始,或交换场区后一局比赛的继续;比赛中断后恢复比赛;裁判员要求运动员继续比赛。

4)当违例发生时,裁判员应该宣报违例。

5)界外:球落在有司线裁判员分管的线的界外时,由该司线裁判员负责报"界外",球落在没有司线裁判员分管的线的界外时,裁判员应先报"界外",然后接着报(换发球)比分。

6)间歇:该回合一结束,应立即宣报"换发球"(需要时),随后宣报比分和"间歇",在一局比赛领先方得11分时,间歇时间为60秒,间歇到40秒时,应重复宣报:"××号场地20秒"。局间间歇为120秒,间歇到100秒时,应重复宣报:"××号场地20秒"。间歇中,允许双方各有不超过两人进入场地。当裁判员宣报"××号场地20秒"时,这些人应离开场地。间歇后恢复比赛时宣报:"继续比赛",并再次宣报比分。如果运动员不需要规定的间歇,可继续比赛。第三局或只进行一局比赛,当领先方得11分时,宣报"换发球"(需要时),再报分,接着再宣报"间歇,交换场区"。间歇后比赛开始,应宣报"继续比赛"并再次报分。

7)延伸比赛:在每局比赛领先方得20分时,要宣报"局点"或"场点";每局比赛中任何一方分数达到29分时,都应该宣报"局点"或"场点";有关领先方的宣报,要在报分之前进行。用英文宣报时,"局点"或"场点"总是在发球方分数后,接发球方分数前。

8)局点、场点:局点是在一方运动员再得一分就将胜该局比赛,这时裁判员在报比分前要加报"局点",但只有一方第一次出现此情况时需报"局点"。场点是在一方运动员再得一分,就将胜整场比赛,这时裁判员在报比分前要加报"场点"。报"场点"与报"局点"相同,只是把"局点"改为"场点"。

9)回合结束:每一局最后一个回合结束,必须立即宣报"××局比赛结束",间歇时间从此算起。第一局结束后,宣报:"第一局比赛结束,××(运动员姓名或团体赛队名胜)××(比分)。"第二局结束后,宣报:"第二局比赛结束,××(运动员姓名或团体赛队名)胜××(比分),局数1:1。"每局结束后,发球裁判员都应该保证场地被擦干净;间歇时间将间歇标志放置网下方场地中央。如果胜这一局即胜该场比赛,则宣报:"比赛结束",接着宣报:"××(运动员姓名或团体赛队名)胜××(各局比分)"。

10)一场比赛结束后,应立即将记录完整的积分表送交裁判长。

(4)球落点的宣判

1)球落在界线附近或无论界外多远,裁判员都应看司线员。司线员对其看管线附近球落点的裁决负全责(若裁判员确认司线员明显错判或者有即时回放系统的情况除外）。

2）若裁判员确认司线员明显错判时，则需宣报："纠正,界内"（如球落下界内）；"纠正,界外"（如球落在界外）。

3）未设司线员或司线员未能看清时，裁判员应立即宣报："界外"，接着再报比分（球落在界限外），报分前加报"换发球"（需要时）；"比分"（球落在界限内），报分前加报"换发球"（需要时）；"重发球"（裁判员也未能看清）。有及时回放系统的场地，当裁判员需获取即时回放系统的裁决时,应该宣报"未看清"。

4）当有即时回放系统时，如果裁判员或司线员的宣判受到运动员（队）的挑战，裁判员应确认该运动员（队）是否仍具有挑战权；运动员应对裁判员说"挑战"，并举起手臂，明确示意。如果运动员仍具有挑战权，裁判员应宣报："××（提出挑战的运动员姓名）挑战宣判"界内"（或"界外"），同时左手高举过头。

该系统将对应的落点进行回放，并将挑战的最终裁决"界内""界外"或"无结论"告知裁判员。

对挑战结果的宣报：如果挑战成功，宣报："纠正,界内"或"纠正,界外"。随后依据情况宣报："换发球""比分"和"继续比赛"。如果挑战失败，宣报："挑战失败""还有一次挑战权或没有挑战权"。随后，依据情况宣报："换发球""比分"和"继续比赛"。如果挑战的最终裁决是"无结论"，则对"未看清"的回放判"重发球"，否则原被挑战的裁决有效。

4. 记分方法

一张完整的记分表应该反映出该场比赛所属竞赛的名称、比赛双方运动员姓名、队名、组别、位置号、比赛项目、阶段、轮次、日期、时间、地点、比赛场地号、比赛开始时间、比赛结束时间、裁判员姓名、发球裁判员姓名、每局比赛开始时的发球员和接发球员，随着比赛进程，通过记录，随时可了解当时的比分、发球方位、顺序和发球员、接发球员。当然在记分表的最后一行是胜方的队名或姓名、整场比赛的比分、以及裁判员和裁判长的签名。从记分表上还可进行有用的数据统计，例如，该场比赛总共打了多少个回合、有几次打成平分、在什么时候有多少次发球未得分，等等。裁判员从记录台领取记分表后，先应逐一检查各项内容，并填写能事先填写的项目。

三、发球裁判员的职责工作

（一）工作内容

（1）专门负责宣判发球员在发球时的违例。当看到并肯定发球员发球违例时，大声报"违例"并使用发球裁判员5个手势中相应的一个手势表明是何种发球违例。裁判长和裁判员都不能否决发球裁判员对发球员在发球时是否"违

第七章　羽毛球运动的竞赛与裁判法

例"的判决。

（2）协助裁判员检查场地、器材（如检查网高）。

（3）协助裁判员管理羽毛球。只有在裁判员示意换球时,才把新球换给运动员,要注意把新换的球交给发球员,以免延误比赛时间。当运动员离发球裁判员较远时,发球裁判员需把球抛给运动员时,要注意不能把手举起从高处掷向运动员这是不礼貌的,正确的方法是用手心4个手指托着整个羽球,大拇指放在球心中央,球托向前,从下向上的方向把球抛向运动员。

（4）在局数打成1:1时,放置暂停标记在场地中央网底下。发球裁判员的基本要求发球违例的宣判,是羽毛球裁判工作中的难点,经常容易引起比赛双方的争议。做好发球裁判员的基础是对羽毛球竞赛规则中有关发球的条款要有扎实的理论基础,并对规则的细节和精髓要能结合实际正确运用。

（二）做好发球裁判员的原则

在临场执裁中必须做到以下三个一样。

（1）对无论什么运动员（有名与无名;高水平与低水平;熟悉与不熟悉）的"发球违例"判罚,都是一样的尺度。

（2）从一场比赛的开始到结束,都是一样的尺度。

（3）双方比分悬殊时和双方比分接近时,都是一样的尺度。

（三）发球裁判员的工作方法和技巧

（1）从发球员准备发球时开始直至发球结束,发球裁判员一定要面向发球员,精神集中,全神贯注地正视发球员,让发球员、接发球员以及所有在场的其他人员意识到,发球裁判员正在认真地履行他的职责,这样发球裁判员做出的判决才能让人信服。

（2）发球是一个相当快的过程,而发球员的故意违例又往往带有偷袭性,更是发生在一瞬间,发球裁判员如果宣判稍慢,就几个来回过去了。所以发球裁判员在发球员发球时,时刻都要准备报"违例"。一旦发球裁判员宣报发球"违例"就一定要声音响亮,让裁判员和运动员都听到,如果裁判员没听到,比赛还在进行,发球裁判员可以站起来,再次大声宣报,直至裁判员报"发球违例"。

（3）在宣报发球违例和做手势表明是何种发球违例时,发球裁判员一定要面向发球员,在发球员询问是何种违例时,发球裁判员应果断地再次重复违例的手势,不应回避。

（4）在比赛一开始时,当发现有发球违例时就一定要果断的予以宣判,只有这样才能控制住发球员的发球。否则,当比赛进行到比分接近或关键时刻出现发球违例,发球裁判员此时再判此发球违例,就会显得前后尺度不一致,如果不判,双方的发球违例将失去控制,发球裁判员也就陷入极度的被动。

发球裁判员的裁判水平历来是衡量一名羽毛球裁判员业务水平高低的重要方面。它反映了一名合格的发球裁判员既要有规则理论基础，又要有丰富的临场经验；既要有优秀的道德品质，又需具备良好的心理素质，所以发球裁判一直是羽毛球裁判员晋升和考核的一个重要内容。

四、司线裁判员的职责工作

每场比赛的司线裁判员数目可以有不同，一般有 3～10 名。司线裁判员应坐在对准他所负责的线的延长线的矮椅上（双打比赛时负责端线的司线裁判员，应坐在边线外的端线与双打后发球线之间），专门负责察看球在他所负责的线附近的落点，并以规定的一个术语，3 个手势进行宣判。一名司线裁判员只能负责一条线（只有双打比赛时，负责端线的司线裁判员在发球时，要负责双打后发球线）。凡没有安排司线裁判员的界线，都由裁判员自己负责。

（一）司线裁判员的工作要求

（1）司线员应坐在他所负责的线的延长线上，最好面向裁判员。

（2）司线员对所负责的线负全责。以下情况除外：①裁判员判定司线员有明确错判，纠正司线员的裁决；②或有即时回放系统的场地，司线员的宣判或裁判员纠正司线员的宣判受到运动员的挑战时，由裁判员对此做出裁决。

（3）在球触地前，不得宣报或做手势。

（4）标准手势如下。

1）界外：如球落在界外，无论多远都应立即做出两臂向两边平展的手势，使裁判员能看得清；并立即大声、清晰地宣报"界外"，使运动员和观众都能听清，使裁判员能看得清。

2）界内：如球落在界内，不宣报，只用右手指向界线。

3）视线被挡：司线裁判员的视线被运动员挡住，没能看到球的落点，就应举起双手遮着双眼。以向裁判员表示自己的视线被挡，不能作出判决。

（5）只负责宣判球的落点，不需要预期裁判员的裁决。例如球碰运动员身体、衣服或球拍后出界，这是裁判员的职责，所以司线裁判员不要马上做手势，让裁判员来宣判，如果裁判员仍要求司线裁判员给手势时，司线裁判员只就球的落点做出"界内"或"界外"的手势。不要示意此球碰运动员的身体、衣服或球拍。

（6）司线员的位置：在实际安排时，建议司线员的位置，应距离场地界线 2.5～3.5 米；在安排他们的位置时，要注意保护他们不受场外干扰，如摄影、记者的影响等。

(二)司线裁判员的分工

1. 不同数目司线裁判员的座位及分工

（1）至少有 3 名司线裁判员，两名分别负责两条端线，最好面对裁判员，余下一名负责裁判员对面的一条边线。

（2）有 4 名司线裁判员，两名分别负责两条端线，另两名分别负责两条边线（包括网两边的整条边线）。也有另外一种方法，即负责边线的两名司线裁判员，是同时负责裁判员对面的一条边线，两人各自只看本方场区到网的一段边线，这样裁判员一边的边线就由裁判员自己负责了。现在采用前一种方法的居多。

（3）有 6 名司线裁判员，2 名分别负责两条端线，另外 4 名各负责半条边线。

（4）有 8 名司线裁判员，在 6 名司线裁判员的安排基础上，另 2 名分别负责两条前发球线。

（5）有 10 名司线裁判员，在 8 名司线裁判员安排的基础上，另 2 名分别负责两条中线。

如何判断"界内"和"界外"球羽毛球竞赛规则中涉及"界内"球和"界外"球的条款是"所有场地线都是它所确定的区域的组成部分""羽毛球应有 16 根羽毛固定在球托部"。依据这两条规则可以得出，只要球任何部分的最初落地点，落在此时该球应落的有效区域（发球区或场区）的线上即为"界内"球。比如说，单打比赛时，发球员从右发球区发出球，凡球落在对方场区的右发球区的界线上及界线以内均为界内球。如果球的任何部分的最初接触点落在该球的有效区域（发球区或者场区）界线以外，或者击出的球碰到球场外任何人的身体、衣物及其他物体，均为"界外"球。

2. 司线裁判员的条件、要素和技能

（1）懂得羽毛球运动，最好能有打羽毛球的经历。

（2）身体健康，能精力充沛、坐势端正、自然但不紧张地集中注意力坚持长达一个小时以上一场比赛的司线裁判工作。

（3）能不受运动员的影响和外界的压力，坚持自己的判断，在球的落点非常接近线的情况时，司线裁判员的手势更是要快、要坚决果断，犹豫不决或迟缓的手势都会引起运动员和观众的怀疑，特别是判落在司线裁判员座位本方场区非常接近界线的界内球时，很多时候本方场区的运动员会走向司线裁判员表示不满或对判决有争议，此时，该司线裁判员可再次重复"界内"的手势。有些运动员是想以此方法来影响司线裁判员以下的判决。作为一个有丰富经验的司线裁判员，既不要受此影响使以后的判决倾向于该运动员，但也不可意气用事，故意把界外球判成界内球与该运动员作对。

（4）随时要保持与裁判员的配合，在宣判时声音要洪亮，手势要明确并稍做停留,眼睛要注视裁判员,在裁判员看到后才收回手势。

(5)有时球明显落在界内,司线裁判员没做手势,这是正确的。但司线裁判员仍应看着裁判员,一旦裁判员报"司线裁判员请给手势",司线裁判员还应立即打出"界内"的手势。

(6)当球落在后场端线与边线的交接处附近时,负责端线和边线的两名司线裁判员,没有必要互相配合,以此来做出相同的手势。如果做出一个判"界外"另一个判"界内"两个不同的判决,这并不矛盾,因为是各人只判断球在自己负责一条线附近的落点,只要有一名司线裁判员判"界外",这球就是"界外"无疑了。

(7)司线裁判员一定要集中注意力,看自己场地的比赛,千万不能看其他场地的比赛,疏忽漏球是一瞬间的事,后果严重。有了一个错误将会给心理造成压力,处理不当,就会接连犯错误。

(8)在一场长时间的比赛,当局数为1∶1时,司线裁判员应该站起来,原地舒展一下筋骨,使思想得到松弛,在第三局比赛开始时也可轮转座位,改变视角的景观,减轻疲劳。

五、羽毛球裁判申诉受理

(一)技术官员职责和申诉受理

(1)裁判长对比赛全面负责。

(2)临场裁判员主持一场比赛,并管理该场比赛场地以及紧邻的区域,裁判长对裁判员负责。

(3)发球裁判员负责宣判发球员的发球违例。

(4)司线员负责宣判球在器分管线的落点时"界内"还是"界外"。

(5)除以下情况外,技术官员对其所分管职责内事实的宣判是最后的裁决。

1)当裁判员确认司线员明显错判时,允许纠正。

2)当有即时回放系统时,由该系统对球落点宣判的挑战予以裁决。

(6)裁判员的职责有以下几个方面。

1)维护和执行羽毛球比赛规则,及时宣判"违例"或"重发球"。

2)对在下一次发球前提出的申诉做出裁决。

3)确保运动员和观众能够随时了解比赛进展情况。

4)与裁判长磋商后指派或撤换司线员或发球裁判员。

5)在技术官员不足时,与无人执行的职责做出安排。

6)在技术官员视线被挡时,执行其职责或判"重发球"。

7)记录并向裁判长报告有关阻碍比赛连续性和行为不端的所有情况。

8)仅将与规则有关的申诉提交给裁判长。(此类申诉必须在下次发球击出前提出,如果该场比赛结束,则应在申诉方离开场地前提出)

(二)技术官员及其职责

(1)裁判员在裁判长的领导下工作,并向裁判长负责(未设裁判长时向竞赛负责人负责)。

(2)司线员和发球裁判员一般由裁判长指派,但裁判长可予以撤换或经裁判员与裁判长商议后予以撤换。

(3)技术官员对其所分管职责内事实的宣判是最后的裁决。当裁判员确认司线员明显错判时,允许纠正。有即时回放系统的场地,由该系统对落点宣判的挑战予以裁决。如果需要撤换司线员,应召唤裁判长商定。

(4)当技术官员因视线被挡未能做出裁决时,由裁判员裁决。若裁判员也不能做出裁决时,则判"重发球"。

(5)临场裁判员主持一场比赛,并管理该场比赛场地及其紧邻的区域。管理时限从该场比赛裁判员进入场地开始,直至该场比赛结束后离开场地为止。

【回顾练习】

1.裁判员的工作内容有哪些?

2.分组循环赛的具体编排方法有哪些?

3.发球违例包括哪些内容?

4.如何做好一名优秀的裁判员?

【知识拓展】

贝格尔编排法

贝格尔编排法于1984年由美国人贝格尔发明,在我国贝格尔编排法最早见于《中国排球》杂志1985年第2期"贝格尔表编排法简介"一文,作者署名"元第"。文中指出,国际排联所举办的世界排球锦标赛、世界杯排球赛、奥运会排球赛及世界青年排球锦标赛,其单循环的编排方法与我国传统的单循环赛迥然不同,均按贝格尔表编排。此后,贝格尔编排在全国逐步推广,目前国内排球竞赛基本上都采用贝格尔编排法,且在其他球类项目及棋类项目中也被广泛应用。

采用"贝格尔"编排法,编排时如果参赛队为双数时,把参赛队数分一半(参赛队为单数时,最后以"0"表示形成双数),前一半由1号开始,自上而下写在左边;后一半的数自下而上写在右边,然后用横线把相对的号数连接起来。这即是第一轮的比赛。

第二轮将第一轮右上角的编号("0"或最大的一个代号数)移左角上,第三轮又移到右角上,以此类推。即单数轮次时"0"或最大的一个代号在右上角,双数轮次时则在左上角。

贝格尔编排法(8个队)				
第一轮	第二轮	第三轮	第四轮	第五轮
1——8	8——5	2——8	2——8	8——6
2——7	6——4	3——1	3——1	7——5
3——6	7——3	4——7	4——7	1——4
4——5	1——2	5——6	5——6	2——3
第五轮	第六轮	第七轮		
3——8	8——7	4——8		
4——2	1——6	5——3		
5——1	2——5	6——2		
6——7	3——4	7——1		

羽毛球运动的竞赛与裁判法

羽毛球大赛简介

第八章

【思政要点】

贯彻党的二十大新发展理念,在独立自主中彰显道路自信;在与时俱进中彰显理论自信;在守正创新中彰显制度自信;在赓续传承中彰显文化自信。

【学习任务】

了解羽毛球的起源及其发展,了解其重要比赛及组织领导机构。通过对羽毛球起源和发展的了解,逐步培养学生对现阶段羽毛球重要比赛的兴趣,加之介绍羽毛球组织机构的设置,激发学生参与羽毛球的热情。通过本章的学习,学生可以了解到羽毛球大赛的一些基本知识。

【学习目标】

1. 了解羽毛球大赛主要赛事。
2. 了解羽毛球五大赛事。
3. 了解中国在五大赛事上的战绩。

【学习地图】

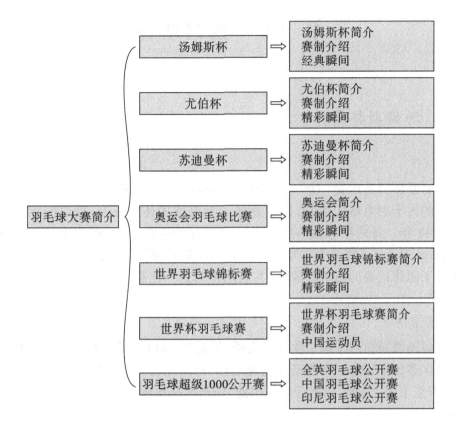

	汤姆斯杯 ⇒	汤姆斯杯简介 赛制介绍 经典瞬间
	尤伯杯 ⇒	尤伯杯简介 赛制介绍 精彩瞬间
	苏迪曼杯 ⇒	苏迪曼杯简介 赛制介绍 精彩瞬间
羽毛球大赛简介	奥运会羽毛球比赛 ⇒	奥运会简介 赛制介绍 精彩瞬间
	世界羽毛球锦标赛 ⇒	世界羽毛球锦标赛简介 赛制介绍 精彩瞬间
	世界杯羽毛球赛 ⇒	世界杯羽毛球赛简介 赛制介绍 中国运动员
	羽毛球超级1000公开赛 ⇒	全英羽毛球公开赛 中国羽毛球公开赛 印尼羽毛球公开赛

第八章 羽毛球大赛简介

　　羽毛球赛是以羽毛球为竞技的体育比赛,由单人赛或双人赛组成。BWF/羽毛球世界联合会(原名 IBF/国际羽毛球联合会)原来是按照星级来区别羽毛球赛事,最高是七星级赛事,四年一度的奥运会、两年一度的团体赛如汤尤杯、苏迪曼杯以及世界羽毛球锦标赛均为七星级赛事。公开赛最高级别是六星级,每年的国际羽毛球比赛数量众多,但六星级的比赛屈指可数。

　　羽毛球在 1992 年巴塞罗那奥运会上被列为正式比赛项目,共设男女单打、男女双打及混合双打 5 项比赛。羽毛球比赛有很多类似汤姆斯杯、尤伯杯以及世界羽毛球锦标赛等比赛,下面着重做下介绍。从 2007 年开始,BWF 取消了这种分级,将各类赛事分为 4 个等级 7 个类别。级别最高的是一级赛事,即世界羽毛球锦标赛、奥运会羽毛球赛、汤尤杯和苏迪曼杯;其次是第二等级,包括 6 个级别(年终赛、超 1000、超 750、超 500、超 350、超 100)。超 1000 包括全英、中公赛、印尼赛 3 个比赛,冠军积分 11000。

第一节　汤姆斯杯

一、汤姆斯杯简介

1. 来历

汤姆斯杯羽毛球赛（Thomas Cup Badminton，中文简称"汤杯"）是世界上最高水平的男子羽毛球团体赛，即世界男子羽毛球团体锦标赛，由原国际羽联创办于1948年。每两年举办一次。1934年国际羽联成立时，英国人乔治·汤姆斯（George Thomas）被选为主席。5年后，汤姆斯在国际羽联会议上提出，组织世界性男子团体比赛的时机已成熟，并表示将为这一比赛捐赠一个奖杯，称为"汤姆斯杯"。

2. 发展历史

首届汤姆斯杯由于第二次世界大战，推迟至1948年才举行，当时有10个国家和地区参加了比赛。汤姆斯杯为流动杯，每次比赛的冠军队将"汤杯"带回本国，保留至下届"汤杯"比赛开始。因此，汤姆斯杯比赛又称为"国际羽毛球挑战杯赛"。

从1984年起，此赛事改为每两年举行一届。比赛分为预赛、半决赛和决赛三个阶段，从决赛前年的11月1日到决赛年的6月30日进行。6支在相应区域进行半决赛而出线的队伍加上直接进入决赛的东道国和上届冠军共8个对进入决赛阶段的比赛。如果东道国也是上届冠军的获得者的话，那么在半决赛中要出7个队进入决赛。8支决赛队伍分成两个组比赛，以赢得分数多为胜利。如果分数一样，以赢得场数多排在前头。所以小组赛要比完5场。如果场数、局数仍然一样，就采取抽签的办法决定名次。所有参加比赛的队伍需在赛前14天选出4~10名运动员，按照当时的世界排名，列出第一单打、第二单打、第三单打、第一双打、第二双打及替补的运动员名单。每名运动员最多只能参加一场单打和一场双打比赛。绝对不允许世界排名靠前的选手担任后位单打或双打比赛任务。在1996年此项赛事参加国和地区已达56个。截至2023年，在举行的32届比赛中，印度尼西亚14次捧杯、中国10次得冠、马来西亚5次获金、日本1次得冠、丹麦1次得冠、印度1次得冠。

二、赛制介绍

汤姆斯杯比赛过去采用九场五胜制,即五场单、四场双打,分两天进行。1984 年后比赛办法改为五场三胜制(在一个单位时间内进行),即三场单打、两场双打。比赛排序有 6 种,其目的是保证参加两项比赛的运动员起码有 30 分钟以上的休息时间。6 种排序如下。

(1)1 单-2 单-3 单-1 双-2 双
(2)1 单-2 单-3 单-2 双-1 双
(3)1 单-1 双-2 单-2 双-3 单
(4)1 单-2 双-2 单-1 双-3 单
(5)1 单-2 单-1 双-3 单-2 双
(6)1 单-2 单-2 双-3 单-1 双

在双方没有兼项运动员参加的比赛按照第一种排序进行。在预赛和半决赛中,采用第一种和第二种排序。在决赛阶段选择第三到第六的排序。

三、精彩瞬间

1. 中国队五连冠

2010 年 5 月 16 日,象征世界羽坛男子最高团队荣誉的汤姆斯杯,由中国人带来吉隆坡的汤姆斯杯,将要连续第四次被中国人捧回家。"超级丹""风云组合"和陈金,16 日用拼劲和顽强,击退比中国队战绩更辉煌的印尼人,实现中国队历史上第一个汤杯四连冠。

10 年之前,中国队和印尼队曾经在这个布特拉体育馆对垒,那一次的决战,最终获胜的是印尼人,那场胜利让他们完成了汤杯四连冠。今天,故事沿着相似的脉络重演,但是四连冠的主角换成了中国人。"这是一场教科书一般的胜利,堪称完美。"3 场比赛,3 场胜利,总教练李永波送给每一个队员一个大大的拥抱。18 年前,身为运动员的他没能在这里捧起汤杯,如今,他和当年的搭档田秉毅在领奖台上一同举起冠军奖杯。

2012 年 5 月 27 日,中国队 3∶0 横扫韩国队,取得汤姆斯杯的五连冠。本次夺得汤姆斯杯,是中国男羽连续第 5 次夺冠,同时也是他们第 9 次夺魁。卫冕冠军中国队在本次比赛中,从小组赛开始,到捧杯为止,一分未丢。这样的表现也再次向世人证明了中国队在世界羽坛上的王者地位。上一次出现汤姆斯杯五连冠,还要追溯到 2002 年,当时的羽毛球霸主印尼队自 1994 年勇夺汤杯开始,直到 2002 年汤杯夺魁,拿下 5 连冠。

2.“超级丹”轻取对手

在2012年汤杯中,中国羽毛球队的“一哥”林丹在本场比赛第一个出场,与他隔网相对的是他的老对手——韩国名将李炫一。“超级丹”延续了之前良好的竞技状态,直落两局战胜对手,完成了对对手的七连胜。而李炫一在2008年之后,再也没有战胜过林丹。

3.“风云组合”十分给力

由蔡赟、傅海峰组成的“风云组合”作为中国队的第一双打。面对韩国队重新配对的新男双组合,世界排名第一的“风云组合”在开局阶段并未占有明显优势,双方的比分十分胶着。关键时刻,“风云组合”多次利用对手回球出界的失误得分。最终,“风云组合”击败了对手,为中国队再得1分。

4.谌龙圆满收官

谌龙世界排名第3,孙完虎世界排名第14,从排名上看,谌龙占据优势。此前,谌龙与孙完虎交手两次,除了2010赛季,也就是孙完虎横空出世的那个赛季,谌龙输给了他之外,孙完虎就再也没能从谌龙身上得到一场胜利。本次比赛,谌龙保持了对对手的连胜势头,尽管曾一度受到抵抗,但最终,还是轻取对手。

第二节　尤伯杯

一、尤伯杯简介

1.来历

尤伯杯(英语:Uber Cup)也称为世界女子羽球团体锦标赛。该奖杯是英国羽毛球选手贝蒂·尤伯于1956年国际羽联理事会上向该组织捐赠的。

尤伯杯羽毛球赛(uber cup badminton)实际就是世界女子羽毛球团体锦标赛,是世界上最高水平的女子羽毛球团体赛。尤伯杯赛由国际羽联创办于1956年。每两年举办一届。

2.发展历史

1957—1984年,尤伯杯比赛三年一届。1981年世界羽联和国际羽联合并为新的国际羽毛球联合会,决定1986年起汤姆斯杯和尤伯杯赛两年举办一届,每届两项赛事同期同地举办,采用五场三胜制。

1981年国际羽联和世界羽联合并为国际羽联时,决定将尤伯杯赛与汤姆斯杯赛在同时同地举行，并相应改为每两年举行一届。在 1956 年第一届比赛时只有 11 个国家和地区参加，到 1996 年已达到了 47 个国家和地区。截至 2023 年，在已举行的 26 届比赛中，中国获得 13 次冠军，日本 5 次，美国 3 次，印度尼西亚 3 次，韩国 2 次。

二、赛制介绍

尤伯杯由当时伦敦著名的银匠麦皮依和维伯铸成。奖杯高 18 厘米，中部地球仪上有一羽毛球的模型，羽毛球上方一名女运动员模型呈现出挥拍击球的姿态。奖杯底座上刻有"尤伯夫人于 1956 年赠送国际羽毛球联合会组织的国际女子羽毛球冠军奖杯"字样。

1956 年举行第一届尤伯杯赛，每场团体赛由三场单打、四场双打组成。从 1984 年第十届比赛开始，与"汤姆斯"杯同时同地举行，采用同样的五场制比赛方法。比赛排序有 6 种，其目的是保证参加两项比赛的运动员起码有 30 分钟以上的休息时间。6 种排序如下。

(1)1 单–2 单–3 单–1 双–2 双

(2)1 单–2 单–3 单–2 双–1 双

(3)1 单–1 双–2 单–2 双–3 单

(4)1 单–2 双–2 单–1 双–3 单

(5)1 单–2 单–1 双–3 单–2 双

(6)1 单–2 单–2 双–3 单–1 双

三、精彩瞬间

中国队于 1984 年获得尤伯杯（第十届尤伯杯），首次获得世界女子羽毛球团体冠军。1984—1994 年，中国连续第 11、12、13、14 次夺冠，连续 5 次取得尤伯杯冠军。1998—2008 年，中国队连续获得第 17、18、19、20、21、22 届尤伯杯冠军，实现六连冠。2012 年、2014 年、2016 年，中国再次三连冠。

2021 年 10 月 17 日，第 28 届尤伯杯决赛在丹麦奥胡斯举行。在这场决赛中，国羽女单排名之一的陈雨菲一局输给了山口茜，但后来居上的陈清晨/贾一凡在第二盘获得了女双冠军。国羽女单排名第二的何冰娇在第三盘以 2：0 击败高桥沙也加，黄东萍/李汶妹在第四盘险胜松友美佐纪/松山奈薇，锁定胜局。最终，中国女子羽毛球队以 3：1 逆转击败日本队，第 15 次夺得尤伯杯冠军。

第三节　苏迪曼杯

一、苏迪曼杯简介

1. 来历

苏迪曼杯,又称世界羽毛球混合团体锦标赛,1989 年开始举办,两年一届,在奇数年举行。苏迪曼杯是印度尼西亚羽毛球协会代表本国人民向国际羽毛球联合会捐赠的一座奖杯。比赛采用五场三胜制,由男子单打、女子单打、男子双打、女子双打和混合双打等 5 个项目组成,是代表羽毛球整体水平的最重要的世界大赛,与汤姆斯杯赛和尤伯杯赛齐名。

2. 发展历史

继汤姆斯杯赛、尤伯杯赛和世界锦标赛世界三大比赛之后,为了提高世界各国羽毛球运动的综合实力水平,1986 年,在国际羽联召开的理事会上第一次提出举办混合团体赛的建议。1987 年,国际羽毛球联合会决定新增设一项世界男女羽毛球混合团体锦标赛,并以苏迪曼杯作为这一锦标赛的优胜者奖杯。1988 年,国际羽联接受并指定了混合团体赛与单向项锦标赛同时举行的事宜,并决定将苏迪曼杯作为混合团体赛的冠军奖杯。1989 年,在印度尼西亚同时举行了第一届苏迪曼杯赛和第六届世界羽毛球单项锦标赛,同时规定此项比赛每两年举行一届,逢双数年是汤、尤杯赛,单数年为苏迪曼杯赛。

二、赛制介绍

苏迪曼杯羽毛球混合团体赛实际上是世界羽毛球混合团体锦标赛,与汤姆斯杯赛(世界男子羽毛球团体锦标赛)和尤伯杯赛(世界女子羽毛球团体锦标赛)同为国际羽联主办的三大羽毛球团体赛事。不同的是,苏迪曼杯赛是检验各国或地区羽毛球运动整体水平的赛事,规定比赛双方进行男女单打、双打和混合双打共 5 盘比赛,采用 5 盘 3 胜制。

为使争夺更趋激烈,比赛还采取了升降级制,即每级最后一名降至下一级,而下一级第一名晋升上一级。只有参加 A 级比赛的 6 个队有资格争夺冠军。A 级赛共有 6 支队伍,先分两组预赛,小组前两名出线进行交叉半决赛,胜者进行最后的决赛分出名次。从 2005 年第九届苏迪曼杯开始,参加苏迪曼杯赛最高级别 A 级比赛增加为 8 支队伍。从 2011 年第十二届苏迪曼杯开始,参加苏迪曼杯最高级别 A 级比赛增加为 12 支队伍。

三、精彩瞬间

(一) 历届奖牌榜

在苏迪曼杯历史上,共有 3 个国家夺冠,截至 2023 年,共举办 18 届苏迪曼杯,其中印尼曾 1 次夺冠,韩国曾 4 次夺冠,而中国曾 13 次夺冠,包含 1 个三连冠、1 个四连冠和 1 个六连冠(表 8-1)。

表 8-1 苏迪曼杯三甲榜

届数	时间	举办地	冠军	亚军	季军
第 01 届	1989 年	印尼雅加达	印尼	韩国	中国、丹麦
第 02 届	1991 年	丹麦哥本哈根	韩国	印尼	中国、丹麦
第 03 届	1993 年	英国伯明翰	韩国	印尼	中国、丹麦
第 04 届	1995 年	瑞士洛桑	中国	印尼	韩国、丹麦
第 05 届	1997 年	英国格拉斯哥	中国	韩国	印尼、丹麦
第 06 届	1999 年	丹麦哥本哈根	中国	丹麦	印尼、丹麦
第 07 届	2001 年	西班牙塞维利亚	中国	印尼	丹麦、韩国
第 08 届	2003 年	荷兰埃因霍温	韩国	中国	印尼、丹麦
第 09 届	2005 年	中国北京	中国	印尼	丹麦、韩国
第 10 届	2007 年	英国格拉斯哥	中国	印尼	英格兰、韩国
第 11 届	2009 年	中国广州	中国	韩国	印尼、马来西亚
第 12 届	2011 年	中国青岛	中国	丹麦	韩国、印尼
第 13 届	2013 年	马来西亚吉隆坡	中国	韩国	丹麦、泰国
第 14 届	2015 年	中国东莞	中国	日本	印尼、韩国
第 15 届	2017 年	澳大利亚黄金湖岸	韩国	中国	日本、泰国
第 16 届	2019 年	中国南宁	印尼	日本	印尼、泰国
第 17 届	2021 年	芬兰万塔	印尼	日本	韩国、马来西亚
第 18 届	2023 年	中国苏州	印尼	韩国	日本、马来西亚

(二) 大逆转

在 2023 年第 18 届苏迪曼杯中国队对日本队的半决赛中,战至第三场比赛,中国队大比分 1：2 落后,接下来第四场男双实现了惊天大逆转,本场比赛可谓跌宕起伏,面对日本劲敌,在多次比分吃紧的情况下,刘雨辰和欧烜屹沉着冷静对待,默契配合,一拍一拍、一分一分地去夺。在决胜局中,两对组合从 1：1 打到 6：6,然后日本组合发力,以 11：8 进入技术暂停。暂停之后,小保姆组合以20：16 拿到赛点,再得一分就能晋级决赛。在这样险峻的情况下,中国队沉着冷静,表现出了超乎常人的大心脏,连夺 6 分,挽夺 4 个赛点,最终以 17：21,21：19、22：20 的比分逆转取胜,,将大比分扳回 2：2,接下来的第五场比赛轻松拿下,最终以 3：2 的大比分逆转进入决赛,迎战韩国。在决赛中以大比分3：0 轻取韩国,为中国队拿下第 13 座苏迪曼杯。

第四节　奥运会羽毛球比赛

一、奥运会简介

奥林匹克运动会简称"奥运会",是国际奥林匹克委员会主办的世界规模最大的综合性运动会,每四年一届,会期不超过 16 日,是世界上影响力最大的体育盛会。羽毛球 1992 年成为奥运会正式比赛项目,只设 4 个单项比赛,无混双比赛。1996 年亚特兰大奥运会起增设混双项目,奥运会羽毛球赛冠军是世界羽坛的至高荣誉。

二、赛制介绍

1. 小组循环赛阶段的调整

伦敦奥运会之后,为了避免运动员通过故意输球来选择淘汰赛阶段的对手,世界羽联对里约奥运会的比赛方法进行了修改。具体调整包括改变了小组的数量和每个小组的参赛人数。伦敦奥运会时,单打设有 16 个小组,每个小组最多4 人;而里约奥运会则根据参赛人数设置 12 ~ 16 个小组,每个小组的参赛人数为 3 ~ 4 人。此外,某些小组会根据参赛人数的不同而被删除。

2. 淘汰赛阶段的规则

单打项目在淘汰赛阶段,参赛者按照新的里约奥运会羽毛球竞赛规程,各小组的第一名出线,并按特定顺序进入单淘汰比赛。如果参赛组数为 12、13、14 和15 时,会有轮空位置。双打项目在淘汰赛阶段改为重新抽签进位,来自同一小组的 2 对选手在淘汰赛阶段将被分开,而各小组的第一名则按以下淘汰表所示分开,第二名的选手则以抽签进位。

在最近的巴黎奥运会羽毛球比赛也是采用小组赛加淘汰赛的赛制。

(1)在小组赛阶段,比赛分为单打和双打两个部分。单打项目包括男单和女单,共有 13 个小组,每组 3 人或 4 人,每个小组均有一名种子选手。小组赛的胜者将晋级到淘汰赛阶段。双打项目包括女双和混双,各有 16 对组合参赛,分为 4 个小组,每组有一对种子选手。小组赛的前两名将晋级到淘汰赛阶段。

(2)淘汰赛阶段,晋级的小组赛胜者将重新抽签进行对阵。单打项目的种子选手在淘汰赛阶段有一定的优势,前两号种子所在小组的出线者在淘汰赛首轮轮空。双打项目的种子选手同样在淘汰赛阶段享有优势,前两号种子所在的 A 组和 D 组的第一名将分别进入不同的半区。

3. 历届奥运会奖牌榜(表 8-2 ~ 表 8-10)

表 8-2　1992 年巴塞罗那奥运会

项目	金牌	银牌	铜牌(并列两名)	
男子单打	魏仁芳 (印尼)	托·劳尔森 (丹麦)	托·劳尔森 (丹麦)	苏桑托 (印尼)
女子单打	王莲香 (印尼)	方铢贤 (韩国)	唐九红 (中国)	黄华 (中国)
男子双打	朴柱奉/金文秀 (韩国)	洪忠中/郭宏源 (印尼)	李永波/田秉义 (中国)	拉·西德克/贾·西德克 (美国)
女子双打	黄慧英/郑素英 (韩国)	关渭贞/农群华 (中国)	吉永雅/沈恩婷 (韩国)	林燕芬/姚芬 (中国)

表 8-3　1996 年亚特兰大奥运会

项目	金牌	银牌	铜牌
男子单打	拉尔森(丹麦)	董炯(中国)	拉·西德克(马来西亚)
女子单打	方铢贤(韩国)	张海丽(印尼)	王莲香(印尼)
男子双打	里奇/雷西(印尼)	谢顺吉/叶锦福 (马来西亚)	苏明强/陈金和 (马来西亚)
女子双打	葛菲/顾俊(中国)	吉永雅/张惠玉(韩国)	秦艺源/唐永淑(中国)
混合双打	金东文/吉永雅(韩国)	朴柱奉/罗景民(韩国)	刘坚军/孙曼(中国)

表8-4　2000年悉尼奥运会

项目	金牌	银牌	铜牌
男子单打	吉新鹏(中国)	叶诚万(印尼)	夏煊泽(中国)
女子单打	龚智超(中国)	马丁(丹麦)	叶钊颖(中国)
男子双打	吴俊明/陈甲亮(印尼)	李东秀/柳镛成(韩国)	金东文/河泰权(韩国)
女子双打	葛菲/顾俊(中国)	杨维/黄楠燕(中国)	秦艺源/高崚(中国)
混合双打	张军/高崚(中国)	特里古斯/许一敏(印尼)	阿彻/古德(英格兰)

表8-5　2004年雅典奥运会

项目	金牌	银牌	铜牌
男子单打	陶菲克(印尼)	孙胜模(韩国)	索尼(印尼)
女子单打	张宁(中国)	张海丽(荷兰)	周蜜(中国)
男子双打	金东文/河泰权(韩国)	李东秀/柳镛成(韩国)	林培雷/徐永贤(印尼)
女子双打	杨维/张洁雯(中国)	高崚/黄穗(中国)	罗景民/李敬元(韩国)
混合双打	张军/高崚(中国)	罗伯特森/埃姆斯(英)	埃里克森/美蒂(丹麦)

表8-6　2008年北京奥运会

项目	金牌	银牌	铜牌
男子单打	林丹(中国)	李宗伟(马来西亚)	陈金(中国)
女子单打	张宁(中国)	谢杏芳(中国)	玛丽亚·克丽斯廷·尤利安蒂(印尼)
男子双打	马尔基斯·基多/亨德拉·塞蒂亚万(印尼)	傅海峰/蔡赟(中国)	李在珍/黄智万(韩国)
女子双打	于洋杜婧(中国)	李孝贞/李敬元(韩国)	张亚雯/魏轶力(中国)
混合双打	李龙大/李孝贞(韩国)	诺瓦·维迪安托/利利亚纳(印尼)	何汉斌/于洋(中国)

表8-7　2012年伦敦奥运会

项目	金牌	银牌	铜牌
男子单打	林丹(中国)	李宗伟(马来西亚)	谌龙(中国)
女子单打	李雪芮(中国)	王仪涵(中国)	内瓦尔(印度)
男子双打	蔡赟/傅海峰(中国)	鲍伊/摩根森(丹麦)	郑在成/李龙大(韩国)

羽毛球运动

项目	金牌	银牌	铜牌
女子双打	田卿/赵芸蕾(中国)	藤井瑞希/垣岩令佳(日本)	索罗基娜/维斯洛娃(俄罗斯)
混合双打	张楠/赵云蕾(中国)	徐晨/马晋(中国)	菲舍尔/彼得森(丹麦)

表 8-8　2016 年里约奥运会

项目	金牌	银牌	铜牌
男子单打	谌龙(中国)	李宗伟(马来西亚)	安赛龙(丹麦)
女子单打	马林(西班牙)	辛德胡(印度)	奥原希望(日本)
男子双打	张楠/傅海峰(中国)	吴蔚升/陈蔚强(马来西亚)	埃利斯/朗格里奇(英国)
女子双打	松友美佐纪/高桥礼华(日本)	佩德森/尤尔(丹麦)	郑景银/申升璨(韩国)
混合双打	艾哈迈德/纳西尔(印尼)	陈炳顺/吴柳萤(马来西亚)	张楠/赵芸蕾(中国)

表 8-9　2021 年东京奥运会

项目	金牌	银牌	铜牌
男子单打	安赛龙(丹麦)	谌龙(中国)	金庭(印尼)
女子单打	陈雨菲(中国)	戴资颖(中国台北)	辛杜(印度)
男子双打	李洋/王齐麟(中国台北)	李俊慧/刘雨辰(中国)	苏伟译/谢定峰(马来西亚)
女子双打	波利/拉哈尤(印尼)	陈清晨/贾一凡(中国)	金昭映/孔熙容(韩国)
混合双打	黄懿律/黄东萍(中国)	郑思维/黄雅琼(中国)	渡边勇大/东野有纱(日本)

表 8-10　2024 年巴黎奥运会

项目	金牌	银牌	铜牌
男子单打	安赛龙(丹麦)	昆拉武特(泰国)	李梓嘉(马来西亚)
女子单打	安洗莹(韩国)	何冰娇(中国)	玛丽斯卡(印尼)
男子双打	李洋/王齐麟(中国台北)	王昶/梁伟铿(中国)	苏伟译/谢定峰(马来西亚)
女子双打	陈清晨/贾一凡(中国)	刘圣书/谭宁(中国)	志田千阳/松山奈未(日本)
混合双打	郑思维/黄雅琼(中国)	金元昊/郑娜银(韩国)	渡边勇大/东野有纱(日本)

三、精彩瞬间

1. 林李大战

在 2008 年北京奥运会,中国头号种子选手林丹发挥出色,以 2∶0(21∶12、21∶8)横扫二号种子、大马名将李宗伟,夺取北京奥运会男单金牌。林丹以最完美的方式赢得了这场天王山对决,为中国羽毛球队赢下分量最重的一枚金牌。这也是中国羽毛球队在本届奥运会上收获的第三枚金牌,最终以三金一银三铜的战绩结束了第五次奥运会征程。

比赛一开始,主场作战的林丹进入状态,标志性的后场强力劈杀连续得手,李宗伟则显得有些拘谨,超级丹很快取得 7∶1 的完美开局。此后,李宗伟正拍杀直线连续得手,一度追至 3∶7。两人互送失误后,林丹在多拍拉吊过程中占得主动,利用李宗伟两次网前球失误,以 10∶4 将比分拉开,随着李宗伟压底线出界,林丹以 11∶4 领先进入技术暂停。暂停归来后,林丹优势不减,后场突击连续得手,很快将优势拉大到 13∶8,此后,林丹在网前球处理环节做得非常出色,李宗伟连续出现三次失误,林丹趁机以 16∶8 领先。此后,李宗伟利用林丹压底线出界,正拍杀斜线得手,一旦追至 16∶10。但林丹随后再也没给对手机会,后场突击连续得手,最终以 21∶12 轻松赢下了首局。

来到第二局,林丹状态不减,急于扭转被动的李宗伟心态急躁,失误频频,林丹强力的劈杀对角,迫使李宗伟的回球质量出现了极大的下滑,林丹网前扑杀连续得手,很快取得 8∶0 的完美开局!此后,林丹状态不减,李宗伟只是利用林丹失误拿到一分,林丹很快以 11∶1 领先进入技术暂停。休息归来后,李宗伟稳定了心态,一度将比分追至 4∶14。但林丹通过丰富球路变化和加强回球质量,再次占据了绝对主动,很快将优势拉大到 18∶6。面对这样的林丹,二号种子、世界第二李宗伟毫无还手之力,林丹很快以 21∶8 赢下了第二局。林丹最终以史诗般的方式赢得了这场天王山对决,赢下了一场无比完美的羽毛球经典比赛!这注定将成为林丹的标志性战役!

在伦敦奥运会羽毛球男单决赛中,林丹和李宗伟又展开了一场巅峰对决。林丹虽然在第一局失误较多,但通过连续进攻逐渐领先,而李宗伟则以猛烈进攻和绝佳的发挥回应。虽然林丹第一局未能拿下,但他积极调整状态,双方比分一直紧咬,最终进入决定胜局的关键局,林丹连续扣杀将比分追平,比赛进入关键时刻。最终,林丹以 20∶19 拿下赛点,最终以 15∶21、21∶10、21∶19 取得了胜利。林丹成为历史上第一位奥运卫冕冠军。

2. 伦敦"五金店"

在 2012 年伦敦奥运会上,中国羽毛球队以包揽 5 个单项所有金牌的壮举震惊世界,展现了前所未有的统治力。男单赛场上,林丹再次夺冠,巩固了"超级丹"的传奇地位；女单方面，李雪芮异军突起，夺得金牌；男双则是傅海峰/蔡赟组合，四年后再度登顶；女双赛场，田卿/赵芸蕾不负众望，为国羽再添一金；混双项目中，张楠/赵芸蕾组合更是锦上添花，实现了中国羽毛球队首次包揽五金的历史性突破。这一壮举不仅是中国羽毛球历史上的一个重要里程碑，也是世界羽毛球史上前所未有的辉煌成就，这一成就展现了中国羽毛球队在那一时期的统治力。

在伦敦奥运会上，男单赛场，终极决赛又是熟悉的"林李大战"，这次笑到最后的依然是林丹，他先输后赢，2∶1逆转了李宗伟，成功卫冕，实现了奥运双金王，而谌龙则在铜牌争夺战中，同样2∶1战胜韩国名将李炫一，实现了首次参加奥运便站上领奖台的成就。

女单赛场，国羽参赛的三人王仪涵、李雪芮、汪鑫表现强势，占据了4强中的3席，最终决赛中李雪芮2∶1战胜王仪涵，将女单冠军收入囊中，王仪涵获得银牌。在铜牌争夺战中，汪鑫在赢下首局的情况下，第二局因为受伤遗憾退赛，最终印度一姐辛杜获得铜牌。

男双比赛中，风云组合蔡赟/傅海峰和柴飚/郭振东会师8强，正值巅峰期的风云组合之后连战连捷，连续两届闯入决赛，最终2∶0战胜了丹麦组合鲍伊/摩根森，弥补了四年前北京奥运会上屈居亚军的遗憾，如愿圆梦奥运冠军。

女双方面，田卿/赵芸蕾组合独闯8强，她们先后以3个2∶0战胜中国台北、俄罗斯以及日本组合，强势夺得女双冠军。

混双方面，世界排名前两位的国羽组合张楠/赵芸蕾、徐晨/马晋，一路稳扎稳打，连续赢下外战，顺利会师最终的决赛，终极金牌之争，"芸楠组合"2∶0赢下了德比战，顺利拿下了混双金牌，帮助国羽实现了包揽全部5个单项金牌的目标，而赵芸蕾个人则成为奥运会羽毛球项目中首位单届加冕双冠王荣誉的运动员。

第五节 世界羽毛球锦标赛

一、世界羽毛球锦标赛简介

1. 来历

国际羽联世界锦标赛，通常称世界羽毛球锦标赛，是一项由国际羽毛球联合会组织的羽毛球单项锦标赛事，以之为世界顶尖的羽毛球选手加冕。世界羽毛球锦标赛是国际羽毛球联合会主办的世界最高水平的羽毛球单项锦标赛。

世界羽毛球锦标赛是国际羽毛球联合会在继汤、尤杯赛后,为了适应世界羽毛球运动日益发展的需要而设立的一种以个人单项为竞赛项目的羽毛球锦标赛。

2.发展历史

世界羽毛球锦标赛由国际羽毛球联合会举办。首届于 1977 年在瑞典马尔默举行,以后每三年举办一次,第三届后改为每两年(奇数年)举行一次。1978年一些国家和地区另组世界羽毛球联合会,当年亦举办同名的"世界羽毛球锦标赛"。1981 年,国际羽联与世界羽联合并成国际羽毛球联合会。世界锦标赛亦合一举办,首届于 1983 年举行。原有男、女单打,男、女双打,混合双打五项,1989 年起增设苏迪曼杯混合团体赛。

1934 年,国际羽毛球联合会在英国成立,是第一个世界性的羽毛球组织。1978 年,世界羽毛球联合会成立。在两个组织联合之前,它们各自已经举行了两届彼此认为是世界性的羽毛球单项比赛,即国际羽联于 1977 年和 1980 年,而世界羽联在 1978 年和 1979 年。1981 年,两个国际性羽毛球组织宣布联合,名称仍为国际羽毛球联合会。在联合会(1996 年 6 月底会员国、地区为 124 个)上协商决定,每两年举行一次世界羽毛球单项比赛,即世界羽毛球单项锦标赛(Individual World Championships),并延续两个国际羽毛球组织以前的届数。1983 年在丹麦首都哥本哈根正式举行了第三届世界羽毛球单项锦标赛。此项赛事只进行 5 个单项的比赛,即男女单打、男女双打和混合双打。

二、赛制介绍

羽毛球世锦赛共设 5 个主项比赛,分别是男子单打、女子单打、男子双打、女子双打和混合双打。每个项目都有 64 名选手或组合参加。羽毛球世锦赛的比赛赛制分为预选赛、小组赛、淘汰赛和决赛 4 个阶段。

(1)预选赛是在正式比赛开始前进行的,目的是筛选出 64 名选手或组合,并确定他们的比赛种子排位。预选赛采用单败淘汰制,每个项目的参赛选手数量根据世界排名和各大洲的代表名额来确定。

(2)小组赛是羽毛球世锦赛的最初阶段,共分成 16 个小组,每个小组包括 4 个选手或组合。小组赛采用循环赛制,每个选手或组合都要与其他 3 个选手或组合进行比赛,每场比赛采用三局两胜制,小组赛结束后,每个小组的前两名选手或组合晋级淘汰赛。

(3)淘汰赛是羽毛球世锦赛的第二阶段,共有 32 名选手或组合参加。淘汰赛采用单败淘汰制,每场比赛采用三局两胜制,淘汰赛分为第一轮、第二轮、八分之一决赛、四分之一决赛、半决赛和决赛 6 个阶段。决赛中的胜者将成为该项目的世界冠军。

（4）决赛是羽毛球世锦赛的最后一阶段，共有 5 个比赛项目的产生。每个项目的决赛采用三局两胜制。

三、精彩瞬间

1.日益提升的赛事关注度

据 CCTV5 在 2013 年上半年收视率排名，羽毛球世锦赛排名第三，仅次于篮球和乒乓球，收视率达 0.32%，2015 年羽毛球世锦赛，周收视率排名前三的是女双、男单和男双，收视率分别为 1.32%、1.20% 和 1.04%，累计观众达上亿人次，创造了羽毛球世锦赛收视率历史新高。2013 年羽毛球世锦赛决赛中，《新闻联播》在直播中切入现场信号，对赛况进行了播报，这一特殊待遇，在以往国羽的各项大赛中尚属首次。国际羽联通过全球电视、网络等媒介实现全球覆盖转播赛，厦门航空作为国际羽联的合作伙伴，在提升自身品牌的同时，通过现场直播和转播，不断扩大赛事的影响力以展现厦航 VI 形象。覆盖全球的福克斯体育，全球共计 30 家电视台对赛事进行了直播，Youtube、赛事官方 Facebook、各类大型国际体育网站、有关电视台国际网站等众多新媒体也进行了直播和报道。赛场之外，通过邀请著名羽毛球运动员参与赛事的互动，令赛事的影响力进一步扩大，令羽毛球世锦赛在世界各国得到更高的关注。

2.最具统治力的国家

中国一直是这项比赛最具统治力的国家，截至 2023 年共赢得了 70 枚金牌。第二名是印度尼西亚，截至 2023 年共赢得了 23 枚金牌，其次是丹麦和韩国。

3.获得奖牌最多的球员

中国选手赵云雷以 10 枚奖牌保持总纪录第一名，其中包括 5 枚金牌、2 枚银牌和 3 枚铜牌。在男子组中，林丹（中国）和朴俊邦（韩国）的冠军数量最多，各获得 5 枚金牌。

第六节　世界杯羽毛球赛

一、世界杯羽毛球赛简介

1.来历

世界杯羽毛球赛是重要的国际性赛事，从 1981 年开始已连续办了 17 届，

1997 年因多种原因而中断。按照国际惯例,世界杯羽毛球赛将邀请世界排名男单前十六名、女单前十二名、男双前八名、女双和混双前六名的选手参赛。

2.发展历史

世界杯羽毛球赛是国际羽坛于 1981 年创办的世界羽坛三大赛事之一。1997 年,该赛事因资金问题停办。直到 2005 年,在培养了唐九红、龚智超、黄穗、龚睿那等七位羽毛球世界冠军和奥运冠军的"羽毛球之乡"湖南益阳的申请与支持下,停办了八年之久的世界杯羽毛球赛在湖南益阳奥林匹克公园正式开赛,2006 年第 19 届世界杯羽毛球赛是连续第二年在益阳举行。但是 2006 年之后羽毛球世界杯已经停办。

二、赛制介绍

1.计分

每球得分 21 分制,每球获胜方均可得分。旧规则:15 分制(女单 11 分制),获发球权者方可得分。

2.发球

(1)开赛的发球权由双方在开赛前"择先"决定。

(2)比赛中每球获胜方拥有发球权,双打比赛获胜方只拥有一次发球权。双打破旧规则:发球方拥有一发和二发两次发球权。

(3)如果本方得单数分,从左边发球;得双数分,从右边发球。双打旧规则:一发总是从右侧场区发球。

(4)双打的前发球线和后发球线继续保留。

3.平分后的加分赛

(1)每局双方打到 20 平后,一方领先 2 分即算该局获胜;若双方打成 29 平后,一方领先 1 分,即算该局取胜。旧规则:比赛双方打成 13 平、14 平,先获 13 或 14 分的一方,有权决定双方加打 5 分或 3 分(女单出现 9 平或 10 平时,可分别要求加打 3 分或 2 分)。

(2)在第三局或只进行一局的比赛中,当一方分数首先到达 11 分时,双方交换场区。

4.技术暂停

(1)每局一方以 11 分领先时,比赛进行 1 分钟的技术暂停,除非特殊情况(比如地板湿了,球打坏了),球员不可再提出中断比赛的要求;采用新规则后,擦汗、喝水、绑鞋带或者换球等球员战术将不再被允许。

(2)每局之间有 2 分钟的间歇。

三、中国著名运动员

顾俊,女,优秀羽毛球运动员,1975 年 1 月出生于江苏无锡市。1984 年,进入无锡市业余体校羽毛球队。一年后,被江苏省体校羽毛球队招为队员。在省体校训练三年后,14 岁成为江苏省羽毛球队的一名正式队员,专攻女子双打。1991 年 11 月,她第一次被选调进国家少年队,在首届世界青少年羽毛球锦标赛,她与韩晶娜合作,夺得了她从事羽毛球生涯的第一个国际比赛的冠军奖杯。1993 年,入选国家队。从 1995 年起,顾俊与葛菲合作在羽坛迅速崛起,在大赛中屡创佳绩。先后夺得奥运会、世锦赛、世界杯、全英公开赛、亚运会等比赛的冠军,在国际羽联女双项目中,多次排名第一。她先后被评为 1998 年世界“十佳”运动员,并曾获江苏省劳动模范、无锡市“三八红旗手”、新长征突击手、“十佳”青年等荣誉称号。1999 年,她被体育总局评为“新中国体育运动五十杰”之一。

第七节　羽毛球超级 1000 公开赛

羽毛球超级 1000 公开赛是羽毛球世界巡回赛的一部分,属于高级别赛事,该赛事名称中的 1000 通常指 BWF 积分达到 1000 分。该赛事吸引来自全球的顶尖选手参加。

一、全英羽毛球公开赛

(一)简介

1. 来历

全英羽毛球公开赛又称全英羽毛球锦标赛,全英羽毛球公开赛(The All England Open Badminton Championships)是世界上最早和最具荣誉的羽毛球比赛,每年举办一次,在 1898 年 Guildford 成功举办第一次世界羽毛球锦标赛后创建,1899 年 4 月第一次全英比赛成功举办,但是,当时只进行有 3 个项目(男双、女双和混双)的比赛,男女单打都是在后来的比赛中加入的。最初的 3 次比赛叫作英格兰公开赛(The Open English Championships),在 1977 年国际羽联正式举办了官方的世界锦标赛之前,当时(尤其是在 1949 年第一次汤姆斯杯举办后)全英一直被公认为非官方的世界羽毛球锦标赛。1984 年后,全英羽毛球公开赛由 YONEX 公司独家赞助。

2. 发展历史

全英公开赛终止过两次,第一次是在 1915—1919 年间,第二次是 1940—1946 年间。

从 2007 年起,世界羽联取消公开赛的"星级"分类法,代之以超级赛、黄金大奖赛、大奖赛等这一新型分类法,超级赛为最高级,地位特殊的全英公开赛很自然地跻身全年十二大超级赛之列。

2011 年,世界羽联进行赛制改革,决定从 2012 年开始将其中的 5 站升级为顶级赛系列,每站奖金至少在 30 万美元以上,而且每一站的积分更高,以吸引更多的优秀选手参赛。此 5 站顶级赛事分别为马来西亚公开赛、全英锦标赛、印尼公开赛、中国公开赛和丹麦公开赛。

(二)传奇历史

1. 举办 100 年

1899 年至今,全英羽毛球公开赛之所以只办了 100 届,是因为 1915—1919 年因一战停办过 5 届,1940—1946 年因第二次世界大战停办过 7 届。

2. 国际羽联

全英赛的创办大大刺激了羽毛球运动的发展,从一开始少数几个说英语的国家和地区,迅速朝其他地方蔓延。到 1934 年,国际羽毛球联合会应运而生。

3. 八处场地

全英赛一共换过八处比赛场地,甚至一度将比赛地放在温布利游泳池举行。当时的比赛场地原本是 1948 年伦敦奥运会的游泳场,后改建为羽毛球场。不过从 1994 年开始至今,全英举办地固定在了伯明翰的国家室内体育馆。

4. 超级赛

尽管被公认为羽毛球第一赛事,但由于奖金不到位,在国际羽联将赛事划分为六个星级的年代,全英赛曾只被列入四星级赛事。但 2007 年进行改制后,全英赛进入到全年 12 站超级系列赛行列。

5. 亚洲力量

1950 年开始,马来西亚华裔选手黄秉璇以一个男单三连冠宣告亚洲力量正式走上全英舞台。而印尼天王梁海量在 1968—1974 年间的男单 7 连冠,也是全英赛历史上男单连续夺冠次数最多的一位。中国选手 1982 年首次参加全英赛,并且张爱玲女单夺冠,林瑛/吴迪西则在女双比赛中夺冠。1983 年栾劲获得男单冠军,1987 年李永波/田秉义获得男双冠军,1988 年王朋仁/史方静获得混双冠军,中国选手逐渐开始对五个单项的统治性征服。

高崚是在全英赛夺冠次数最多的中国选手,曾拿过 6 次女双冠军和 5 次混双冠军。高崎在2001—2008年八届全英赛里均有夺金纪录,不过她的成绩在全英历史上只能排在第10位。此外,高崎/黄穗的组合在2001—2006年间获得女双六连冠,是全英赛上连冠次数最多的双打配对。

6. 惊险逆转

1985年男单决赛,新秀赵剑华对阵丹麦巨星弗罗斯特。在6∶15先失一局的情况下,赵剑华以15∶10和18∶15惊险逆转,成为"二战"后全英第一位左手握拍的男单冠军。女单最有名的比赛发生在1991年决赛,王莲香虽首局0∶11被队友萨尔文达"剃光头",没料到后两局王莲香以11∶2和11∶6逆转萨尔文达夺冠。

(三)十大传奇人物

1. 乔治·艾伦

乔治·艾伦·托马斯是英格兰在20世纪20年代最优秀的羽毛球运动员。他在1904年全英比赛中就获得了男单亚军。一战之后,全英公开赛重燃战火,乔治在1920—1923年4夺男单冠军,另外,他还在男双比赛中9度夺冠,混双中获得过8次冠军,总共21个冠军也让他成为全英历史上获得冠军最多的运动员。

2. 弗兰克·德夫林

托马斯之后,爱尔兰队很快在德夫林的带领下开始了与英格兰队分庭抗争。弗兰克·德夫林连续拿下了1925—1929年以及1931年男单6个冠军,此外,他还在男双和混双中分别获得了7个和5个冠军,以18个冠军仅次于托马斯。

3. 埃塞尔·汤姆森

从第二届全英公开赛开始有女单比赛后,埃塞尔·汤姆森就成为女单上的绝对霸主。在1900—1910年间,除了中间有一年被别人抢走冠军外,埃塞尔·汤姆森垄断了其他9个单打冠军,也是全英历史上获得冠军最多的女运动员之一。

4. 朱迪·德夫林

能够与埃塞尔·汤姆森齐名的女运动员还包括了美国人朱迪·德夫林,她也是获得冠军最多的非英格兰(爱尔兰)籍选手。除了在20世纪50年代先后10次获得女单冠军外,朱迪·德夫林还收获了7次女双冠军,也因为她的大放光彩让全英公开赛不再局限于英国或者欧洲,而是传播到了世界更广阔的地区。

5. 芬·科贝罗

芬·科贝罗是20世纪60年代丹麦最著名的双打运动员之一。在1956年、1958年和1961年,芬·科贝罗曾三次闯进全英赛男单决赛,但可惜最后都只摘得亚军,但在男双和混双比赛中,他则非常顺利,先后7次获得男双冠军和8次混双冠军,总收获了 15 个冠军。

6. 贝蒂·尤伯

贝蒂·尤伯是 20 世纪 30 年代英国著名女子羽毛球选手。1930—1949 年,她曾 13 次夺得全英羽毛球锦标赛的女子单打、女子双打和混合双打比赛的冠军。真正让尤伯名扬天下的是她在退役后仍对羽毛球运动情有独钟,并在 1956 年的国际羽联理事会上,向国际羽联捐赠由麦皮依和维伯制作的纪念杯,即后来的尤伯杯。

7. 托尼·阿姆

托尼·阿姆是二战后丹麦女队的得力强将,也正是在托尼·阿姆等人的努力下,全英比赛才逐步改变了英格兰队一枝独秀的局面,越来越多的外国选手开始参与其中。托尼·阿姆共获得了 2 个女单冠军,5 次女双冠军和 4 次混双冠军,总计 11 个冠军。

8. 厄兰·科普斯

厄兰·科普斯的个人成就主要反映在男单上,在 1958 年、1960—1963 年、1965—1967 年间,厄兰·科普斯 7 次获得男单冠军。当时,他与马来西亚选手陈奕芳、印尼选手梁海量的较量也成为了那个时代最大的看点。

9. 吉莉安·吉尔克斯

吉莉安·吉尔克斯是英格兰女子羽毛球运动在 20 世纪 60 年代末期至 80 年代中期最优秀的选手。吉莉安·吉尔克斯身材高而修长,以优雅而精确的挥拍而闻名。在全英羽毛球公开赛的舞台上,她共获得 11 次冠军,包括 2 次女子单打、3 次女子双打及 6 次混合双打。1976 年,她赢得全英公开赛女子选手的 3 项桂冠,成为最后一位在同一年度"清台"的选手。

10. 高崚

中国队从 1982 年开始参加全英公开赛,高崚则是中国选手中最为杰出的一名代表。2001—2008 年,她先后与队友黄穗搭档 6 次获得女双冠军,与张军、郑波搭档 5 次混双夺冠,共获得冠军 11 次,也是中国队获得全英冠军最多的选手。

二、中国羽毛球公开赛

中国羽毛球公开赛是由世界羽联组织的年度超级赛事之一,1986 年首届赛事在中国福州举办。到 2023 年,已成功举办了 32 届。2007 年,世界羽联推出级别仅次于奥运会、汤尤杯、苏迪曼杯以及世锦赛的超级系列赛,中国公开赛被列为超级系列赛十二站中的重要一站,其成绩计入世界排名和奥运参赛积分,总奖金高达 25 万美元,每届比赛均吸引到当今世界羽坛众多的顶尖高手前来参赛。2011 年,世界羽联进行赛制改革,决定从 2012 年开始将其中的 5 站升级为顶级赛系列,每站奖金至少在 30 万美元以上,而且每一站的积分更高,以吸引更多的优秀选手参赛。此 5 站顶级赛事分别为韩国公开赛、全英锦标赛、印尼公开赛、中国公开赛和丹麦公开赛。从 2014 年开始,福建省福州市将连续四年举办该赛事。比赛的奖金额将提升至 70 万美元(约合 500 万元人民币),比 2013 年上涨了 40 万美元。2023 年中国羽毛球公开赛在江苏常州举行,总奖金为 125 万美元。中国羽毛球公开赛成为奖金最高的超级 1000 级别赛事,每年奖金达到 200 万美元

三、印尼羽毛球公开赛

印尼羽毛球超级赛又称印度尼西亚羽毛球公开赛,是由印度尼西亚羽毛球协会(印尼文:Persatuan Bulutangkis Seluruh Indonesia,PBSI)主办,从 1982 年开始一年一度在印度尼西亚举行的羽毛球比赛。2007 年开始成为世界羽联超级系列赛的一站,所以又被称为印度尼西亚超级赛。

【回顾练习】

1. 中国羽毛球队在历届奥运会上共取得几枚金牌? 几枚银牌? 几枚铜牌? 分别由谁获得?

2. 汤姆斯杯、尤伯杯、苏迪曼杯的异同点有哪些?

【知识拓展】

林 丹

林丹是世界羽毛球史上第一位大满贯得主,是羽毛球历史上最伟大的运动员。

林丹,汉族,1983 年 10 月 14 日生于福建省龙岩市上杭县临江镇,中国羽毛球男子单打项目运动员,2008 年北京奥运会、2012 年伦敦奥运会羽毛球男单冠军。羽毛球运动历史上第一位集奥运会、世锦赛、世界杯、苏迪曼杯、汤姆斯杯、亚运会、亚锦赛、全英赛、全运会以及多座世界羽联超级系列赛冠军于一身的双圈全满贯球员。

1988 年,5 岁的林丹开始接触羽毛球。

2000 年,进入国家队。

2002 年 8 月,首次登上羽毛球世界排名第一的位置。

2005 年 12 月,世界羽联恢复举办世界杯羽毛球赛,林丹获得了职业生涯首个单项世界冠军。

2006 年,卫冕世界杯冠军。

2008 年,北京奥运会羽毛球男单冠军。

2009 年,实现羽毛球世锦赛三连冠。

2010 年,广州亚运会羽毛球男单冠军,也因此实现了全满贯。

2012 年,伦敦奥运会羽毛球男单冠军,成功卫冕,成为首位在奥运会羽毛球男单项目中实现卫冕的运动员。

2013 年 8 月,林丹第五次获得羽毛球世锦赛男单冠军(2006、2007、2009、2011、2013),也是连续三年在世界大赛决赛中战胜李宗伟。

2014 年,仁川亚运会男单冠军,成功卫冕并实现了双圈全满贯。

2016 年 3 月,林丹第六次获得全英赛男单冠军。8 月第四次征战奥运会。

2017 年 4 月,马来西亚公开赛男单冠军,终结东南亚赛事生涯无冠纪录。8 月,时隔 4 年再次打进世锦赛男单决赛。10 月,实现全运会羽毛球男单四连冠并夺得个人首个全运会男团冠军。

2018 年 5 月,夺得新西兰公开赛男单冠军。

2020 年 7 月,林丹宣布退役。

参考文献

[1] 宋迎东,黄宏.羽毛球入门技巧一月通[M].北京:北京理工大学出版社,2014.

[2] 贺慨.看图跟我学丛书:羽毛球[M].北京:北京体育大学出版社,2012.

[3] 刘仁健.羽毛球[M]北京:科学出版社,2018.

[4] 郑兆云,许绍哲.羽毛球[M].北京:北京体育大学出版社,2010.

[5] 吴兆祥.羽毛球入门[M].合肥:安徽科学技术出版社,2009.

[6] 张力.羽毛球快速入门全程图解[M].北京:化学工业出版社,2016.

[7] 杨敏丽.羽毛球教学与训练[M].北京:北京体育大学出版社,2018.

[8] 林建成.羽毛球技、战术训练与运用[M].北京:人民体育出版社,2009.

[9] 肖杰.羽毛球[M].南京:江苏科学技术出版社,2008.

[10] 陆淳.羽毛球技术训练与战术运用[M].北京:人民体育出版社,2006.

[11] 杨恒.新编羽毛球教程[M].西安:西北工业大学出版社,2007.

[12] 肖杰.羽毛球运动理论与实践[M].北京:人民体育出版社,2011.

[13] 黄岩,陈天宇,李杭杰.羽毛球运动身体训练指南[M].北京:人民邮电出版社,2018.

[14] 李铂,李帅星.实用体能训练方法[M]北京:化学工业出版社,2016.

[15] 郑小兵.心理训练法在羽毛球训练应用的可行性分析[J].运动,2016(7):33+30.

[16] 崔园炜.关于羽毛球运动员心理素质训练的思考[J].运动,2012(21):26-27.

[17] 宋湘勤,孙晓东.心理训练在隔网对抗类项群运动项目中的作用:以乒乓球、羽毛球、网球为例[J].青少年体育,2015(6):48-51.

[18] 刘理.刍议青少年羽毛球运动员心理训练[J].湖北体育科技,2014,33(9):827-830.

[19] 朱伟伦.羽毛球运动员的心理特征及心理训练[J].科技展望,2015,25(36):220.

[20] 迟立忠,张力为.当代运动心理学进展:竞技心理[J].北京体育大学学报,2013,36(9):49-55+63.

[21] 黄毅.羽毛球运动员赛前焦虑心理分析及对策研究[J].长江大学学报(自科版),2014,11(7):94-95.

[22] 季浏.体育心理学[M].北京:高等教育出版社,2006.

[23] 邵金英.心理训练对体育专业大学生心理健康水平的影响[J].广州体育学

院学报,2005(5):35-36.

[24] 中国羽毛球协会. 羽毛球竞赛规则 2023[M]. 北京:人民体育出版社,2023.

[25] 刘理. 刍议青少年羽毛球运动员心理训练[J]. 湖北体育科技,2014,33
　　　(9):827-830.

[26] 杨敏丽. 羽毛球教学与训练[M]. 北京:体育大学出版社,2012.

羽毛球运动